PENSÉES PHILOSOPHIQUES.

PENSÉES PHILOSOPHIQUES,

EN FRANÇOIS ET EN ITALIEN,

Auxquelles on a ajouté un Entretien d'un Philosophe avec M^de. LA DUCHESSE DE ***.

Ouvrage Posthume de

THOMAS CRUDELI,

En Italien & en François, par le même Auteur.

Piscis hic non est omnium.

LONDRES,

MDCCLXXVII.

PENSÉES PHILOSOPHIQUES.

PENSIERI
FILOSOFICI.

Quis leget hæc?

Pers. Sat. I.

Scrivo ſopra Dio, non mi luſingo di eſſere letto da molti, mi contento del ſuffragio di pochi. Se queſti penſieri non anno la ſorte di piacere a Veruno, potranno per avventura eſſere cattivi, ma ſe piacciono univerſalmente per me gli riſguarderò per deteſtevoli.

I.

Declamaſi a tutte l'ore contro le paſſioni, ad eſſe tutti i guai dell'uomo imputati vengono, nè ricordaſi eſſere elleno eziandio la ſorgente d'ogni ſuo diletto. Nella coſtituzione dell'uomo ſono le paſſioni un elemento, del quale dicaſene quanto bene o quanto male volete, più ne verrà in bocca da dire. Ma ciò che mi mette di mal umore, ſi è che non vengano mai rimirate pel dritto lor verſo. Si crederebbe preguidicare alla ragione proſferendo una parola a favor delle ſue rivali, eppure le paſſioni, anzi le gagliarde paſ-

PENSÉES PHILOSOPHIQUES.

Quis leget hæc?

Per. Sat. I.

J'écris de Dieu. Je compte ſur peu de lecteurs, & n'aſpire qu'à quelques ſuffrages. Si ces penſées ne plaiſent à perſonne, elles pourront n'être que mauvaiſes; mais je les tiens pour deteſtables ſi elles plaiſent à tout le monde.

I.

On déclame ſans fin contre les paſſions: on leur impute toutes les peines de l'homme, & l'on oublie qu'elles ſont auſſi la ſource de tous ſes plaiſirs. C'eſt dans ſa conſtitution un élément dont on ne peut dire ni trop de bien ni trop de mal. Mais ce qui me donne de l'humeur, c'eſt qu'on ne les regarde jamais que du mauvais côté. On croiroit faire injure à la raiſon ſi l'on diſoit un mot en faveur de ſes rivales. Cependant il n'y a que les paſſions, & les grandes paſſions, qui puiſſent élever l'ame aux

sioni sol tanto, vagliono ad innalzare l'anima ed a spronarla alle nobili operazioni. Tolte le passioni, tolto anche sarà il sublime, o sia ne' costumi, o sia nelle opere; torneranno nella lor imbecillità primiera le arti, la virtù riuscirà scrupolosa e minuta.

II.

Le passioni temperate formano gli uomini comunali. Se trattandosi della salvezza della mia patria, mi fermo aspettando il nemico, io non seno se non un cittadino ordinario. Se ritrovandosi a manifesto e vicino pericolo il mio amico, non mi rimango dal tener l'occhio sollecitamente aperto sopra quel rischio che mi sovrasta. non è la mia fuorchè una guardinga e rispettosa amicizia; tengo io più cara la mia vita di quella della mia amica? non sono che un amante volgare.

III.

Le passioni ammortite deprimono ed avviliscono gli uomini straordinarj La soggezione soverchia distrugge ed annichila la potenza e l'energia della natura Vedete là quell'albero, se non fossero lussureggianti i suoi rami, sarebbe egli per porgervi

grandes choſes. Sans elles plus de ſublime, ſoit dans les mœurs, ſoit dans les ouvrages; les beaux arts retournent en enfance, & la vertu devient minutieuſe.

II.

Les paſſions ſobres font les hommes communs. Si j'attends l'ennemi quand il s'agit du ſalut de ma patrie, je ne ſuis qu'un citoyen ordinaire. Mon amitié n'eſt que circonſpecte, ſi le péril d'un ami me laiſſe les yeux ouverts ſur le mien. La vie m'eſt-elle plus chere que ma maîtreſſe? je ne ſuis qu'un amant comme un autre.

III.

Les paſſions amorties dégradent les hommes extraordinaires. La contrainte anéantit la grandeur & l'énergie de la nature. Voyez cet arbre; c'eſt au luxe de ſes branches que vous devez la fraîcheur & l'étendue de ſes ombres: vous en jouirez juſqu'à

quell'ombre dilatate, quella frescura piacevole? ne godrete sin tanto che da'rigori vernali della sua chioma spogliato venga. Non fate già conto di rinvenire l'eccellenza nella poesia, nella Pittura, nella Musica, tostoche la superstizione avrà operato sulla natura dell'uomo quel cambiamento che operar suole la vecchiezza.

IV.

Felice adunque, dirammi taluno, colui a chi toccherà in sorte lo avere le passioni gagliarde? Certo che sì, purchè se le tenga tutte a tuono. Si stabilisca tra esse una ben intesa armonia, non avrete più a dubitare che ne seguan sconcerti. Se la speranza non è soverchiata dal timore, il puntiglio dell'onore dall'amor della vita, la propensione al senso dallo zelo della salute, più non vedrete nè dissoluti, nè temerarj, nè dappochi.

V.

Il colmo della pazzia sarebbe il voler affaticarsi intorno alla distruzione delle passioni, bel disegno davvero quello di un divoto, il quale tormenterebbesi da forsennato per

ce que l'hyver vienne le dépouiller de sa chevelure. Plus d'excellence en Poësie, en Peinture, en Musique, lorsque la superstition aura fait sur le tempérament l'ouvrage de la vieillesse.

IV.

Ce seroit donc un bonheur, me dira-t-on, d'avoir les passions fortes. Oui, sans doute, si toutes sont à l'unisson. Etablissez entre elles une juste harmonie; & n'en appréhendez point de désordres. Si l'espérance est balancée par la crainte, le point d'honneur par l'amour de la vie, le penchant au plaisir par l'intérêt de la santé; vous ne verrez ni libertins, ni téméraires, ni lâches.

V.

C'est le comble de la folie que de se proposer la ruine des passions. Le beau projet que celui d'un dévot qui se tourmente comme un forcené pour ne rien

condursi a tale che non amasse nulla, niente bramasse, e diventasse del tutto insensibile a qualsivoglia appetito. Al certo costui riuscirebbe un vero mostro se gli venisse fatto di conseguire il desiderato fine.

VI.

Potrei io quel ch'apprezzo in un uomo, quello disprezzar in un altro? certo no, il vero che non soggiace a'miei capricci, esser dee la norma delle mie decisioni, nè riputerò delitto in questo, ciò che in quello ammiro come virtù. Darommi ad intendere io che sol tanto ad alcuni pochi fu conceduto il metter in pratica atti di perfezione, i quali anno a tutti indistintamente ad esser prescritti dalla natura e dalla religione? Niente affatto: qual sarebbe la cagione dell' esclusivo lor privilegio? Se operò virtuosamente Pacomio col fuggire ogni umano consorzio, e coll' intanarsi in un deserto, perchè sarebbemi vietato l'andare sulle sue tracce? Conformandomi al viver suo, sarò virtuoso quant' esso, e se mal non m'appongo, la pretensione di cento altri non sarà men fondata della mia. Eppure bella cosa sarebbe il vedere gli abitatori di una intera provincia spaventati da' pericoli della società,

désirer, ne rien aimer, ne rien sentir, & qui finiroit par devenir un vrai monstre s'il réussissoit !

VI.

Ce qui fait l'objet de mon estime dans un homme, pourroit-il être l'objet de mes mépris dans un autre ? *non sans doute* : le vrai, indépendant de mes caprices, doit être la regle de mes jugemens; & je ne ferai point un crime à celui-ci de ce que j'admirerai dans celui-là comme une vertu. Croirai-je qu'il étoit réservé à quelques-uns de pratiquer des actes de perfection que la nature & la religion doivent ordonner indifféremment à tous ? encore moins. Car d'où leur viendroit ce privilege exclusif ? Si Pacôme a bien fait de rompre avec le genre humain pour s'enterrer dans une solitude, il ne m'est pas défendu de l'imiter; en l'imitant je serai tout aussi vertueux que lui; & je ne devine pas pourquoi cent autres n'auroient pas le même droit que moi. Cependant il feroit beau voir une province entiere, effrayée des dangers de la société, se dis-

andare spargendosi per le selve far vita da bestie salvatiche per santificarsi bella cosa il vedere mille colonne erette sopra le rovine di tutte le affezioni della società; un popol nuovo di stiliti spogliarsi di qualunque affetto della natura per eccesso di religione, lasciar di essere uomini e trasformarsi in altrettante statue per riuscir veri cristiani.

VII.

Che voci! che grida! che gemiti! chi mai rinchiuse in questi camerotti tutti questi queruli carcami? di qual grave delitto colpevoli sono questi sfortunati? Gli uni il petto picchiansi co' selci, gli altri scarnificansi per tutta la persona con uncini di ferro, ed in tutti vedonsi il pianto, il dolore e la morte effigiati nel viso Chi gli condannò a sì fatti tormenti? ..... il Dio ch'anno offeso..... *Chi è adunque questo Iddio?* .... un Dio pieno di bontà.... *possibile ch'un Dio pieno di bontà si rechi a diletto il vedere scorrere a rivi le lagrime? il dimostrare questi terrori non è egli far ingiuria alla sua clemenza? Se a' rei toccasse di aver a placare la stizza d'un tiranno cosa farebbono essi di più?*

perſer dans les forêts, ſes habitans vivre en bêtes farouches pour ſe ſanctifier, mille colonnes élevées ſur les ruines de toutes affections ſociales, un nouveau peuple de ſtylites ſe dépouiller par religion des ſentimens de la nature, ceſſer d'être hommes & faire les ſtatues pour être vrais chrétiens.

VII.

Quelles voix! quels cris! quels gémiſſemens! qui a renfermé dans ces cachots ces cadavres plaintifs? quels crimes ont commis tous ces malheureux? Les uns ſe frappent la poitrine avec des cailloux; d'autres ſe déchirent le corps avec des ongles de fer; tous ont les regrets, la douleur & la mort dans les yeux. Qui les condamne à ces tourments? ..... *le Dieu qu'ils ont offenſé*..... Quel eſt donc ce Dieu?..... *un Dieu plein de bonté*.... Un Dieu plein de bonté trouveroit-il du plaiſir à ſe baigner dans les larmes? les frayeurs ne feroient-elles pas injure à ſa clémence? Si des criminels avoient à calmer les fureurs d'un tyran, que feroient-ils de plus?

VIII.

Alcuni ſono di cui non ſi ha da dire, eſſi anno il timore di Dio, ma bensì anno paura di Dio.

IX.

Dalla deſcrizione fattami dell' Ente Supremo; dalla ſua inclinazione alla collera: dall' aſprezza delle ſue vendette da certi confronti che ci manifeſtano la numeral proporzione di quegli ch'egli laſcia perire, e di coloro a cui ſi compiace porgere una benigna mano, un' anima, e ſiaſi quanto più vogliate pura e retta, ſarà poco meno che indotta a deſiderare ch'egli non eſiſta. Starebbeſi l'uomo quieto ſufficientemente in queſto mondo, ſe foſſe perſuaſo pienamente non eſſere coſa alcuna da temere nell'altro, il penſare che non vi ſia un Dio non ha mai ſpaventato chiccheſſia, ma benſì il penſare che vene ſia uno qual è quello che ci vien dipinto.

X.

Non ſi vuole rappreſentarſi Dio nè troppo buono ne cattivo. La giuſtizia tiene il mezzo tra l'eccesſiva clemenza e la crudeltà

VIII.

Il y a des gens dont il ne faut pas dire qu'ils craignent Dieu, mais bien qu'ils en ont peur.

IX.

Sur le portrait qu'on me fait de l'Etre suprême, sur son penchant à la colere, sur la rigueur de ses vengeances, sur certaines comparaisons qui nous expriment en nombres le rapport de ceux qu'il laisse périr à ceux à qui il daigne tendre la main, l'ame la plus droite seroit tentée de souhaiter qu'il n'existât pas. L'on seroit assez tranquille en ce monde, si l'on étoit bien assuré que l'on n'a rien à craindre dans l'autre: la pensée qu'il n'y a point de Dieu n'a jamais effrayé personne, mais bien celle qu'il y en a un tel que celui qu'on me peint.

X.

Il ne faut imaginer Dieu ni trop bon, ni méchant. La justice est entre l'excès de la clémence & la cruauté, ainsi que les

soverchia, non altrimenti che le pene limitate stansi di mezzo fra l'impunitade e le pene eterne.

XI.

A me è noto le malinconiche idee della superstizione incontrare generalmente più approvatori che seguaci; so darsi alcuni divoti, i quali non giudicano necessario portar a se odio mortale per amar Iddio, nè di vivere da disperato per essere religioso: la lor divozione è lieta; la savia loro condotta è umanissima. Ma d'onde procede questa contrarietà di sentimenti fra persone che stansi prostate innanzi gli altari medesimi? La pietà riceverebbe anch' essa forse la legge dal maladetto temperamento? oimè! e chi potrebbe negarlo? la sua influenza si fa palese pur troppo nello stesso divoto. Egli vede, secondo vien commosso, un Dio vendicatore o pietoso; l'inferno o il cielo spalancato; glisi gela il sangue nelle vene per lo spavento, o egli arde e si strugge d'amore; questa è una febbre che ora torna fredda, or calda.

peines finies font entre l'impunité & les peines éternelles.

XI.

Je fais que les idées sombres de la superstition font plus généralement aprouvées que fuivies; qu'il est des dévots qui n'estiment pas qu'il faille se haïr cruellement pour bien aimer Dieu, & vivre en désespérés pour être religieux: leur devotion est enjouée; leur sagesse est fort humaine. Mais d'où naît cette différence de sentimens entre des gens qui se prosternent aux pieds des mêmes autels? La piété suivroit-elle aussi la loi de ce maudit tempérament? Hélas! comment en disconvenir? son influence ne se remarque que trop sensiblement dans le même dévot: il voit, selon qu'il est affecté, un Dieu vengeur ou miséricordieux, les enfers ou les cieux ouverts; il tremble de frayeur, ou il brûle d'amour: c'est une fievre qui a ses accès froids & chauds.

XII.

Sì, voglio Soſtenerlo; la Superſtizione fa vieppiù ingiuria a Dio dell'Ateiſmo. Vorrei, dice Plutarco, che ſi credeſſe non eſiſtere un Plutarco al mondo, anzichè ſi credeſſe ch'eſſo foſſe iniquo, collerico, incoſtante, invidioſo, vendicativo, e quale eſſer non può ſenza ſommo ſuo increſcimento.

XIII.

Il ſolo Deiſta ſtar può a fronte all'Ateiſta. Il Superſtiziozo gli cede di forza. Altro non è il ſuo Iddio fuorchè un Ente fantaſtico. Oltre le difficoltà della materia, egli rimarrà eſpoſto a tutte quelle derivanti dalle ſue falſe cognizioni. Un C..... un S.... avrebbero imbrogliato mille volte più un Vanini di tutti i Nicoli e i Paſcali del mondo.

XIV.

Era il Paſcal uomo di diritta mente, ma pauroſo e credulo. Elegante Scrittore e profondo Dialettico. Egli è fuor di dubbio che illuminato avrebbe l'univerſo,

ſe

XII.

Oui, je le ſoutiens, la Superſtition eſt plus injurieuſe à Dieu que l'Athéiſme. J'aimerois mieux, dit Plutarque, qu'on penſât qu'il n'y eut jamais de Plutarque au monde, que de croire que Plutarque eſt injuſte, colere, inconſtant, jaloux, vindicatif, & tel qu'il ſeroit bien fâché d'être.

XIII.

Le Déiſte ſeul peut faire tête à l'Athée. Le Superſtitieux n'eſt pas de ſa force. Son Dieu n'eſt qu'un Être d'imagination. Outre les difficultés de la matiere, il eſt expoſé à toutes celles qui réſultent de la fauſſeté de ſes notions. Un C..... un S.... auroient été mille fois plus embaraſſants pour un Vanini, que tous les Nicoles & les Paſcals du monde.

XIV.

Paſcal avoit de la droiture; mais il étoit peureux & crédule. Elégant écrivain & raiſonneur profond, il eût ſans doute éclairé l'univers, ſi la Providence ne l'eut

se la providenza lasciato non l'avesse in balìa a persone che fecero sacrificio del suo sapere a' privati lor rancori. Così egli lasciato avesse a' Teologi suoi contemporanei la cura di compor tra loro le lor controversie; così senza riserba e senza timore d'offender Dio, dato si fosse, con tutto l'ingegno che n'ebbe, alla ricerca della verità, ed avesse sopra tutto ricusato di aversi per maestri uomini i quali non eran neritevoli di essergli discepoli. Ben gli starebbe quel che l'ingegnoso La Mothe andava dicendo del la Fontaine, che fu corrivo a segno di darsi a credere che Arnaud, Saci e Nicole lo vincessero di merito.

XV.

„ Io vi dico che non v'è Dio, che la „ creazione è un sogno, che l'eternità del „ mondo non reca più incomodo di quel che fa „ l'eternità d'un Ente spirituale; che non „ comprendendo in qual modo il movi„ mento avuto abbia la possanza di ge„ nerare quest' universo, che sa pur man„ tenere così saldamente, pazza cosa sa„ rebbe il voler sciorre il nodo col presup„ porre l'esistenza di un Ente che non posso „ neppur comprendere; che se le cose ma„ raviglios e che nell' ordine fisico risplen-

abandonné à des gens qui ſacrifierent ſes talents à leurs haines. Qu'il ſeroit à ſouhaiter qu'il eût laiſſé aux Théologiens de ſon temps le ſoin de vuider leurs querelles; qu'il ſe fût livré à la recherche de la vérité, ſans réſerve & ſans crainte d'offenſer Dieu, en ſe ſervant de tout l'eſprit qu'il en avoit reçu; & ſur-tout, qu'il eût refuſé pour maîtres des hommes qui n'étoient pas dignes d'être ſes diſciples. On pourroit bien lui appliquer ce que l'ingénieux La Mothe diſoit de La Fontaine, qu'il fut aſſez bête pour croire qu'Arnaud, de Sacy & Nicole valoient mieux que lui.

XV.

„ Je vous dis qu'il n'y a point de Dieu; „ que la création eſt une chimere; que l'é„ ternité du monde n'eſt pas plus incom„ mode que l'éternité d'un eſprit; que, „ parce que je ne conçois pas comment le „ mouvement a pu engendrer cet univers, „ qu'il a ſi bien la vertu de conſerver, il „ eſt ridicule de lever cette difficulté par „ l'exiſtence ſuppoſée d'un être que je ne „ conçois pas davantage; que, ſi les mer„ veilles qui brillent dans l'ordre phyſique

„ *dono manifestan una intelligenza, i*
„ *disordini che nell' ordine morale regnano*
„ *riducon al nulla ogni providenza io vi*
„ *dico che se ogni cosa è fattura di un Dio,*
„ *ogni cosa debbe sussistere nel miglior*
„ *modo possibile, imperocchè se non è ogni*
„ *cosa nel miglior ordine disposta, una*
„ *delle due, in Dio riconoscer dovrete, o*
„ *impotenza o mala voglia. Adunque sa-*
„ *rà pel mio maggior vantaggio se non son*
„ *più illuminato circa la sua esistenza.*
„ *Ora dato questo in che posso giovarmi*
„ *delle vostre cognizioni? passi per dimo-*
„ *strato quel che non è provato nè poco nè*
„ *punto, cioè che qualunque male sia la*
„ *sorgente di un bene; che fosse util cosa*
„ *Che Britannico de' Principi il migliore*
„ *perisse, e Nerone scellerato più che altro*
„ *uomo del mondo regnasse; come provato*
„ *verrebbe non essere stato possibile il con-*
„ *seguire lo stesso fine se non usando quei*
„ *mezzi stessi? acconsentire a vizj accio-*
„ *chè con maggior pompa campeggino le*
„ *virtù, questo si è por da una banda un*
„ *frale vantaggio e di rincontro un danno*
„ *massiccio". Queste sono, dice l'Ateista*
le obbiezioni con cui vengovi innanzi;
ora cosa mi risponderete?..... „ Ch'io
„ sono uno scellerato, che se non avessi

„ décelent quelque intelligence, les désor-
„ dres qui regnent dans l'ordre moral
„ anéantiſſent toute providence. Je vous
„ dis que, ſi tout eſt l'ouvrage d'un Dieu,
„ tout doit être le mieux qu'il eſt poſſi-
„ ble : car ſi tout n'eſt pas le mieux qu'il
„ eſt poſſible, c'eſt en Dieu impuiſſance
„ ou mauvaiſe volonté. C'eſt donc pour
„ le mieux que je ne ſuis pas plus éclairé
„ ſur ſon exiſtence : cela poſé, qu'ai-je à
„ faire de vos lumieres? quand il ſeroit
„ auſſi démontré qu'il l'eſt peu, que tout
„ mal eſt la ſource d'un bien; qu'il étoit
„ bon qu'un Britannicus, que le meilleur
„ des Princes périt, qu'un Néron, que
„ le plus méchant des hommes régnât;
„ comment prouveroit-on qu'il étoit im-
„ poſſible d'atteindre au même but ſans
„ uſer des mêmes moyens? permettre des
„ vices pour relever l'éclat des vertus,
„ c'eſt un bien frivole avantage pour un
„ inconvenient ſi réel". Voilà, dit l'A-
thée, ce que je vous objecte; qu'avez-vous
à repondre?..... „ *Que je ſuis un ſcé-*
„ *lérat; & que ſi je n'avois rien à crain-*
„ *dre de* Dieu, je n'en combattrois pas
„ l'exiſtence"...... Laiſſons cette phra-
ſe aux déclamateurs : elle ne peut choquer
la vérité; l'urbanité la défend, & elle mar-

„ motivo di temere Iddio, io non mi por„ rei a contenderne l'esistenza"..... *Lasciamo questa frase a' declamatori, può darsi ch'essa offenda la verità, l'urbanità non la comporta, ella dimostra poca carità, e perchè uno fa male a non aver la fede di Dio, siamo fondati noi a villaneggiarlo? non si ricorre alle invettive se non quando mancan le prove. Vengano in iscena due Controversisti, fo la scommessa di cento contro uno che quegli andrà in collera il quale avrà il torto. „ Tu non mi rispondi, „ anzi tu dai di piglio al tuo fulmine, dis„ se Menippe a Giove, adunque tu hai „ torto".*

XVI.

Fu domandato una volta uno se vi fossero veri Ateisti; pensate voi, rispose egli che vi sieno veri cristiani?

XVII.

Tutte le ciance della Metafisica non vagliono un argomento ad hominem. *A voler convincere, altro talora non si richiede fuorchè suscitare il sentimento o fisico o morale. Con un bastone il Pirronista fu chia-*

que peu de charité. Parce qu'un homme a tort de ne pas croire en Dieu, avons-nous raison de l'injurier? on n'a recours aux invectives, que quand on manque de preuves. Entre deux Controversistes, il y a cent à parier contre un que celui qui aura tort se fâchera. „ Tu prends ton „ tonnerre au lieu de répondre, dit Me- „ nippe à Jupiter; tu as donc tort".

XVI.

On demandoit un jour à quelqu'un s'il y avoit de vrais Athées. Croyez-vous, repondit-il, qu'il y ait de vrais chrétiens?

XVII.

Toutes les billevezées de la Métaphysique ne valent pas un argument *ad hominem*. Pour convaincre il ne faut quelquefois que réveiller le sentiment ou physique ou moral. C'est avec un bâton qu'on a

rito che a torto negasse la sua esistenza. Cartuccio avrebbe potuto con una pistola in mano fare a Obbesio una lezione simile. „ La borsa o la vita: sono il piu forte, e „ fra noi non ha luogo l'equità."

XVIII.

Non è la mano del Metafisico che menò le più gravi percosse dall' ateismo ricevute; per dar il crollo al materialismo le sublimi meditazioni del Mallebranche e del Cartesio valevan meno di una osservazione del Malpighi. Se a' giorni nostri vacilla quest' arrischiata ipotesi, ascrivasene la gloria alla sperimentale fisica, appaganti prove dell' esistenza d'una divina intelligenza si raccapezzano sol tanto nelle opere di Neutono, di Muscenbrocchio, di Hartzocher e di Nieuwventit, grazie sieno alle dotte fatiche di questi grandi uomini, il mondo non è oramai più un Dio, ma una macchina delle sue rote, delle sue funi, delle sue carrucole, delle sue molle e de' suoi pesi fornita.

prouvé au Pyrrhonien qu'il avoit tort de nier son existence. Cartouche, le pistolet à la main, auroit pu faire à Hobbes une pareille leçon. „ La bourse ou la vie : nous „ sommes seuls : je suis le plus fort, & il „ n'est pas question entre nous d'équité ".

XVIII.

Ce n'est pas de la main du Métaphysicien que sont partis les plus grands coups que l'Athéïsme a reçus. Les méditations sublimes de Malebranche & de Descartes étoient moins propres à ébranler le matérialisme qu'une observation de Malpighi. Si cette dangereuse hypothese chancelle de nos jours, c'est à la Physique expérimentale que l'honneur en est dû. Ce n'est que dans les ouvrages de Newton, de Muschenbroek, d'Hartzoeker, & de Nieuwentyt, qu'on a trouvé des preuves satisfaisantes de l'existence d'un Etre souverainement intelligent : graces aux travaux de ces grands hommes, le monde n'est plus un Dieu ; c'est une machine qui a ses roues, ses poulies, ses ressorts & ses poids.

XIX.

Le Sottigliezze dell' Ontologia al più non produssero che scettici, all' investigamento della natura era riserbato il far veri Deisti. A render caduca una delle più valide obbiezioni dell' Ateismo bastò la scoperta de' semi. Sia pur alla materia essenziale o accidentale il moto, ora rimango convinto che tutto tende allo sviluppo de' semi. Tutte le osservazioni concorrono a farmi scorgere evidentemente essere la putrefazione inetta a generare cosa qualsissia organizzata. Io posso avere per ammesso non essere il mecanismo dell' insetto il più vile, men degno di stupore, di quello dell' uomo; nè già ho paura ch'altri voglia inferirne che l'agitazione interna de' corpuscoli essendo abile a generare l'uno, sia anche verisimile che produca l'altro. Se un Ateista, due cento anni sono, affermato avesse che un dì forse uomini ben formati si vedrebbono uscire del seno della terra, siccome da una massa di fracida carne vedesi spuntar un mondo d'insetti, ora il domando, cosa avrebbe risposto un Metafisico?

XIX.

Les ſubtilités de l'Ontologie ont fait tout au plus des ſceptiques; c'eſt à la connoiſſance de la nature qu'il étoit réſervé de faire de vrais Déïſtes. La ſeule découverte des germes a diſſipé une des plus puiſſantes objections de l'Athéiſme. Que le mouvement ſoit eſſentiel ou accidentel à la matiere, je ſuis maintenant convaincu que ſes effets ſe terminent à des développements; toutes les obſervations concourent à me démontrer que la putrefaction ſeule ne produit rien d'organiſé. Je puis admettre que le méchaniſme de l'inſecte le plus vil n'eſt pas moins merveilleux que celui de l'homme; & je ne crains pas qu'on en infere qu'une agitation inteſtine des molécules étant capable de donner l'un, il eſt vraiſemblable qu'elle a donné l'autre. Si un Athée avoit avancé, il y a deux cents ans, qu'on verroit peut-être un jour des hommes ſortir tout formés des entrailles de la terre, comme on voit éclore une foule d'inſecte d'une maſſe de chair échauffée; je voudrois bien ſavoir ce qu'un Métaphyſicien auroit eu à lui répondre.

XX.

Indarno io era uscito adosso ad un Ateista con tutte le sottigliezze delle scuole: egli dalla debolezza de' suoi ragionamenti aveva ricavato una obbiezione di non piccolo peso „ Mi si dimostra senza replica, di„ ceva egli, un mondo di verità inutili, „ e l'esistenza di Dio, la realtà del bene „ e del male morale, l'immortalità dell' „ anima mi riescon ancora altrettanti pro„ blemi eh che, preme egli meno a me lo „ essere illuminato intorno argomenti di „ tanta importanza, dell' esser convinto „ che i tre angoli del triangolo suno uguali „ a due dritti?" mentr'egli da sottile sofista facevami a sorso a sorso tranghiottire l'amara bevanda delle sue riflessioni, rappiccai la zuffa con una interrogazione laquale ebbe a sembrare stranissima ad uno il quale già andava tutto ringalluzzito de' suoi primi trionfi..... Siete voi un Ente pensante, gli dissi?..... „ Potreste „ dubitarne, rispose egli, in atto d'uomo „ che molto si compiace?" ... Perche nò? cosa ho veduto io che mene renda certo? de' suoni, de' movimenti? altrettanto ne vede il filosofo ne' bruti a cui toglie la facoltà di pensare. Per qual cagione a voi conce-

XX.

C'étoit en vain que j'avois essayé contre un Athée les subtilités de l'école: il avoit même tiré de la foiblesse de ses raisonnements une objection assez forte. „ Une „ multitude de vérités inutiles me sont dé- „ montrées sans replique, disoit-il, & „ l'existence de Dieu, la réalité du bien „ & du mal moral, l'immortalité de l'a- „ me, sont encore des problêmes pour moi? „ Quoi donc! me seroit-il moins impor- „ tant d'être éclairé sur ces sujets, que „ d'être convaincu que les trois angles „ d'un triangle sont égaux à deux droits?" Tandis qu'en habile déclamateur il me faisoit avaler à longs traits toute l'amertume de cette réflexion, je rengageai le combat par une question qui dut paroître singuliere à un homme enflé de ses premiers succès... Etes-vous un Etre pensant, lui demandai-je?.... „ En pourriez-vous douter, me „ repondit-il, d'un air satisfait?"... Pourquoi non? qu'ai-je apperçu qui m'en convainque? Des sons, des mouvemens? Mais le Philosophe en voit autant dans l'animal qu'il dépouille de la faculté de penser: pourquoi vous accorderois-je ce que Descartes refuse à la fourmi? Vous produisez

derei io quel che nega il Cartesio alla formica? esteriormente da voi escono atti da farmi specie, sarei tentato di affermare che di fatti pensate, ma la ragiore tien sospeso il mio giudizio. „ Fra gli atti es-„ teriori ed il pensamento non vi ha una es-„ senzial connessione, dicemi essa: può es-„ sere che il tuo Antagonista non pensi nè „ più nè meno del suo oriccolo: aveva egli „ ad esser tenuto ente pensante il primo „ animale a cui fu insegnato a parlare? „ ora chi mai svelò a te non essere gli uo-„ mini tanti pappagalli senza tua saputa „ ammaestrati?..... Questa Comparazio-„ ne è al più al più ingegnosa, rispose „ egli. Non è dal moto, non da' suoni, „ ma dal filo delle idee, dalla conseguen-„ za che regna tra le proposizioni, dalla „ connessione de' raziocini debbesi far giu-„ dizio se un ente pensi, se vi fosse un „ pappagallo che rispondesse a tutto, io „ francamente deciderei essere egli un En-„ te pensante..... Ma ci ha egli che fa-„ re questa questione coll' esistenza di „ Dio? quando dimostrato m'avreste che „ l'uomo in cui scorgo il maggior ingegno, „ altro forse non è che un Automato, sa-„ rei io per questo men inclinato a riconos-„ cere un' intelligenza nella natura?".....

à l'extérieur des actes assez propres à m'en imposer, je serois tenté d'assurer que vous pensez en effet; mais la raison suspend mon jugement. „ Entre les actions extérieures & la pensée il n'y a point de liaison essentielle, me dit-elle: il est possible que ton antagoniste ne pense non plus que sa montre: falloit-il prendre pour un être pensant le premier animal à qui l'on apprit à parler? qui t'a révélé que tous les hommes ne sont pas autant de perroquets instruits à ton insu?.....
„ Cette comparaison est tout-au-plus ingénieuse, me repliqua-t-il: ce n'est pas sur le mouvement & les sons; c'est sur le fil des idées, la conséquence qui regne entre les propositions, & la liaison des raisonnements, qu'il faut juger qu'un Etre pense; s'il se trouvoit un perroquet qui répondît à tout, je prononcerois sans balancer que c'est un être pensant...
„ Mais qu'a de commun cette question avec l'existence de Dieu? Quand vous m'aurez démontré que l'homme en qui j'apperçois le plus d'esprit n'est peut-être qu'un automate, en serois-je plus disposé à reconnoître une intelligence dans la nature?".. C'est mon affaire, repris-je, convenez cependant qu'il y au-

Questo sarà pensier mio, rispos' io, confessate in tanto che chi non è pazzo non negherà a' suoi simiglievoli la facoltà di pensare..... „ Oh via, facciamovela buo-„ na, e che per ciò?" .... Ne risulta che se l'universo, ma che dico io, l universo, se l'ala d'una farfalla mi presenta contrassegni mille volte più distinti di una intelligenza che voi non avete indizi che il vostro simigliante dotato sia della facoltà di pensare, cosa sarebbe mille volte più pazza negare che esista un Dio, che negare che il vostro simmigliante pensi. Ora che abbia ad andar così la cosa, ne chiamo in testimonianza i vostri lumi ed il dettame della vostra coscienza. Avete mai osservato voi nel ragionare, nell' operar e nel procedere di uomo qualsivoglia più ordine, più intelligenza, più sagacità, più consequenza di quel che se ne ritruova nel mecanismo d'un insetto? Non è egli la Divinità tanto distintamente impressa negli occhi d'un bacherozzolo quanto la facoltà di pensare nelle opere dell' illustre Nevvtono? eh che! il mondo formato manifesta meno un' intelligenza che non lo fa il mondo spiegato? Che asserzione è questa! „ Ma „ soggiungete, io ammeto in altri la fa-„ coltà di pensare, e non ci ho difficoltà

„ veruna,

roit de la folie à refuser à vos semblables la faculté de penser. „ Sans doute ; mais que „ s'en suit-il delà ?" il s'ensuit que si l'univers — que dis-je l'univers ? — que si l'aile d'un papillon m'offre des traces mille fois plus distinctes d'une intelligence, que vous n'avez d'indices que votre semblable est doué de la faculté de penser, il seroit mille fois plus fou de nier qu'il existe un Dieu, que de nier que votre semblable pense. Or que cela soit ainsi, c'est à vos lumieres, c'est à votre conscience que j'en appelle. Avez-vous jamais remarqué dans les raisonnemens, les actions & la conduite de quelque homme que ce soit, plus d'intelligence, d'ordre, de sagacité, de conséquence, que dans le méchanisme d'un insecte ? La Divinité n'est-elle pas aussi clairement empreinte dans l'œil d'un ciron, que la faculté de penser dans les ouvrages du grand Newton ? Quoi, le monde formé prouve moins une intelligence, que le monde expliqué ? Quelle assertion ! „ Mais, „ repliquez-vous, j'admets la faculté de „ penser dans un autre d'autant plus vo- „ lontiers que je pense moi-même." Voilà, j'en tombe d'accord, une présomption que je n'ai point ; mais n'en suis-je pas dédommagé par la supériorité de mes

„ *veruna, perchè penso anch'io.*" *Voglio dirlo, a tanto non arriva la mia presunzione, ma alle vostre con tanta superiorità prevagliono le mie prove, che ho a rimanerne pago. Le maravigliose opere che scorgonsi nella natura, con più sonora voce m'annunzian un Ente primiero intelligente, che gli scritti di un Filosofo non mi fan fede di un ente pensante. Notate di grazia, avermela passata io coll'opporvi un'ala di farfalla, un occhio di bacherozzolo, quando pure io poteva cadervi adosso coll'enorme peso dell'universo. O io m'inganno a partito, o questa mia prova pareggia la miglior di quante mai furon dettate nelle scuole. Fondato su questo ragionamento, e su alcuni altri semplici al pari di questo, riconosco esistere un Dio, e non su quell'impasto d'idee aride e metafisiche, idonee meno a fare spiccar la verità, che a mascherarla colle divise della menzogna.*

XXI.

Apro a caso i quinterni d'un professor celebre e leggo: „ Ateisti vi concedo essere il moto alla materia essenziale, „ cosa intendete inferirne? che il mondo „ nato sia da un fortuito accoppiamento di

preuves ſur les vôtres? l'intelligence d'un premier Etre ne m'eſt-elle pas mieux démontrée dans la nature par ſes ouvrages, que la faculté de penſer dans un Philoſophe par ſes écrits. Songez donc que je ne vous objectois qu'une aile de papillon, qu'un œil de ciron, quand je pouvois vous écraſer du poids de l'univers. Ou je me trompe lourdement, ou cette preuve vaut bien la meilleure qu'on ait encore dictée dans les écoles. C'eſt ſur ce raiſonnement, & quelques autres de la même ſimplicité, que j'admets l'exiſtence d'un Dieu, & non ſur ces tiſſus d'idées ſeches & métaphyſiques, moins propres à dévoiler la vérité, qu'à lui donner l'air du menſonge.

XXI.

J'ouvre les cahiers d'un Profeſſeur célebre, & je lis : „ Athées, je vous accorde „ que le mouvement eſt eſſentiel à la ma„ tiere ; qu'en concluez-vous? que le „ monde réſulte du jet fortuit des atomes?

„ *atomi? tanto vorrei che mi diceste che*
„ *l'Iliade di Omero, o la Enriade del Vol-*
„ *taire derivi da un fortuito accozzamento*
„ *di caratteri."* *Non sarò mai per fare un ragionamento simile ad un Ateista, che questa comparazione troppo gli tornerebbe a vantaggio. Secondo le leggi dell'analisi delle sorti, direbbemi egli, non ho a rimanere attonito che segua un caso quando pur è possibile, e quando la difficoltà dell avvenimento ha il suo compenso nella moltiplicità delle combinazioni. Si dà un numero di tiri tale, che sarebbe mio vantaggio lo scomettere di scoprire cento mila sei in un tiro con cento mila dadi. Per limitato che fosse il numero de' caratteri col quale verrebbemi proposto di generare fortuitamente l'Iliade, havvi un numero limitato di tiri tale che sarebbe la proposizione per tornarmi a benefizio. Anzi infinito sarebbe mio vantaggio se il numero de' tiri concessomi fosse infinito. Voi accordate meco, soggiungerebbe egli che la materia esiste ab eterno, e che l'è essenziale il moto. Volendo corrispondere a questo favore, m'accosto a presupporre con voi essere illimitato il mondo, infinita ssere la quantità degli Atomi, nè lasciar mai quel bell'ordine che vi fa stupire, di mantenersi costantemente in qualsissia parte: ora da questi scambie-*

„ J'aimerois autant que vous me diffiez que „ l'Iliade d'Homere ou la Henriade de Vol- „ taire eſt un réſultat de jets fortuits de ca- „ racteres." Je me garderai bien de faire ce raiſonnement à un Athée. Cette comparaiſon lui donneroit beau jeu. Selon les loix de l'analyſe des ſorts, me diroit-il, je ne dois point être ſurpris qu'une choſe arrive lorſqu'elle eſt poſſible, & que la difficulté de l'événement eſt compenſée par la quantité des jets. Il y a tel nombre de coups dans leſquels je gagerois avec avantage d'amener cent mille ſix à la fois avec cent mille dez. Quelle que fut la ſomme finie des caracteres avec laquelle on me propoſeroit d'engendrer fortuitement l'Iliade, il y a telle ſomme finie de jets qui me rendroit la propoſition avantageuſe; mon avantage ſeroit même infini, ſi la quantité de jets accordée étoit infinie. Vous voulez bien convenir avec moi, continueroit-il, que la matiere exiſte de toute éternité, & que le mouvement lui eſt eſſentiel; pour répondre à cette faveur, je vais ſuppoſer avec vous que le monde n'a point de bornes, que la multitude des atomes étoit infinie, & que cet ordre qui vous étonne ne ſe dément nulle part: or de ces aveux réciproques il ne s'enſuit

voli assensi altro non segue se non che la possibilità della fortuita generazione del mondo sia in angustissimi termini ristretta, ma che infinito sia il numero delle combinazioni, cioè che la difficoltà dell'avvenimento abbia un più che bastevol compenso nella quantità degli accoppiamenti. Se adunque sarà cosa alcuna che alla ragion repugni, al certo egli sarà il supporre che la materia essendosi mossa ab eterno, ed essendovi forse nell'infinita somma delle possibili combinazioni un numero infinito di maravigliose disposizioni, intervenuta non sia alcuna di queste maravigliose disposizioni nell'infinita moltitudine di quelle da essa a mano a mano pigliate: sarà adunque per arrecare stupor maggiore alla mente la suppositiva durata del caos che non fa la generazione effettiva dell'universo.

XXII.

Io spartisco gli Ateisti in tre classi. Vene sono alcuni i quali vanno affermando francamente non v'essere Dio, e così il pensano, sono questi i veri Ateisti: *altri, i quali non son pochi, stansi dubbiosi del sì o del nò, e di buona voglia tirerebbero a sorte per risolvere la quistione;* sono costo-

autre chose, si non que la possibilité d'engendrer fortuitement l'univers est très petite, mais que la quantité des jets est infinie, c'est-à-dire, que la difficulté de l'événément est plus que suffisamment compensée par la multitude des jets. Donc si quelque chose doit repugner à la raison, c'est la supposition que la matiere s'étant mue de toute eternité, & qu'y ayant peut-être dans la somme infinie des combinaisons possibles un nombre infini d'arrangements admirables, il ne se soit rencontré aucun de ces arrangements admirables dans la multitude infinie de ceux qu'elle a pris successivement. Donc l'esprit doit être plus etonné de la durée hypothétique du chaos, que de la naissance réelle de l'univers.

XXII.

Je distingue les Athées en trois classes. Il y en a quelques-uns qui vous disent nettement qu'il n'y a point de Dieu, & qui le pensent; *ce sont les vrais Athées*: un assez grand nombre qui ne savent qu'en penser, & qui décideroient volontiers la question à croix ou pile; *ce sont les Athées*

ro gli Ateisti scettici. *Altri de' quali v'ha copia maggiore; bramano che non vi sia un Dio, fanno le viste di esserne persuasi, e vivono quasi con ferma fede il credessero.* Sono cotesti gli smargiassi del partito. *Ho in odio i millantatori perchè sono fallaci; mi vien compassione de' veri Ateisti, e parmi che sieno meritevoli di qualsissia consolazione;* prego Iddio *per gli scettici, anno bisogno di essere illuminati.*

XXIII.

Il Deista afferma l'esistenza d'un Dio, l'immortalità dell'anima e le conseguenze. Lo scettico sta indeciso in ordine a questi propositi; l'Ateista gli nega. Ha lo scettico adunque, per darsi alle virtuose operazioni, un motivo di più che non ha l'Ateista, e alcune ragioni di meno che il Deista: tolto il timore del Legislatore, tolta la propensione del temperamento, e la cognizione de' vantaggi effettivi della virtù, la probità dell'Ateista rimane priva di fondamento, e quella dello scettico altro puntello non ha se non un forse.

ſceptiques: beaucoup plus qui voudroient qu'il n'y en eût point, qui ſont ſemblant d'en être perſuadés, qui vivent comme s'ils l'étoient; *ce ſont les fanfarons du parti.* Je déteſte les fanfarons, ils ſont faux: je plains les vrais Athées, toute conſolation me ſemble morte pour eux; & *je prie Dieu* pour les ſceptiques, ils manquent de lumieres.

XXIII.

Le Déiſte aſſure l'exiſtence d'un Dieu, l'immortalité de l'ame & ſes ſuites: le Sceptique n'eſt point décidé ſur ces articles: l'Athée les nie. Le Sceptique a donc, pour être vertueux, un motif de plus que l'Athée, & quelque raiſon de moins que le Déiſte. Sans la crainte du Légiſlateur, la pente du tempérament & la connoiſſance des avantages actuels de la vertu, la probité de l'Athée manqueroit de fondement, & celle du Sceptique ſeroit fondée ſur un *peut-être.*

XXIV.

Lo scetticismo non consa ad ogni qualsivoglia persona, egli presuppone una profonda e disappassionata discussione. Colui che dubita perchè venuto non è in cognizione delle ragioni di credibilità, altro non è che un ignorante, il vero scettico ha scandagliato e crivellato le ragioni, ma il saper ponderare raziocini è cosa tutt'altro che facile. Chi fra noi darassi il vanto di conoscerne il valor preciso? producansi cento prove della stessa verità, sortirà ciascuna i suoi aderenti. Ognuno ha il suo telescopio. Agli occhi vostri s'affaccia in forma colossale quella obbiezione che a'miei a mala pena visibile dileguasi. Voi Stimate di niun peso una ragione da cui io rimango oppresso. Se siamo divisi intorno all'intrinseca valuta, in che guisa staremo d'accordo circa il correlativo peso? Ditemi di grazia, quante prove abbisognano pel contrappeso d'una metafisica conclusione? Sono i vostri occhiali, o i miei forse imperfetti? se adunque riesce tanto difficile il ponderar le ragioni, se non si dà quistione alcuna, a vantaggio o svantaggio della quale non s'abbia da dire con misura poco meno che uguale, perchè corria-

XXIV.

Le ſcepticiſme ne convient pas à tout le monde ; il ſuppoſe un examen profond & déſintéreſſé : celui qui doute, parce qu'il ne connoît pas les raiſons de crédibilité, n'eſt qu'un ignorant. Le vrai ſceptique a compté & peſé les raiſons. Mais ce n'eſt pas une petite affaire que de peſer des raiſonnements. Qui de nous en connoît exactement la valeur ? Qu'on apporte cent preuves de la même vérité, aucune ne manquera de partiſans. Chaque eſprit a ſon téleſçope. C'eſt un coloſſe à mes yeux que cette objection qui diſparoît aux vôtres : vous trouvez légere une raiſon qui m'écraſe. Si nous ſommes diviſés ſur la valeur intrinſeque, comment nous accorderons-nous ſur le poids relatif ? Dites-moi, combien faut-il de preuves morales pour contrebalancer une concluſion métaphyſique ? ſont-ce mes lunettes qui pechent, ou les vôtres ? Si donc il eſt ſi difficile de peſer des raiſons, & s'il n'eſt point de queſtions qui n'en aient pour & contre, & preſque toujours à égale meſure, pourquoi tranchons-nous ſi vîte ? D'où nous vient ce ton ſi décidé ? N'avons-nous pas éprouvé cent fois que la ſuffiſance

mo così a furia nel decidere, d'onde procede quel nostro affermar tanto risoluto? non abbiamo noi cento volte provato quanto la dogmatica saccenteria dispiaccia? „ *odiar mi fa le cose ch'anno del verisimile, dice l'autore de' saggi, chi mele spaccia come infallibili. A me piacciono quelle parole che raddolciscono e temperano l'ardir soverchio delle nostre proposizioni. A cagion d'esempio:* per fortuna, in alcun modo, talora, si dice, m'è avviso *ed altre somiglianti, e se toccato mi fosse di allevare figliuoli, tornato sarei tante volte a por loro in bocca quel modo di rispondere interrogante e non risolutivo:* come sarebbe a dire, nol capisco, mi par, è egli vero, *che già ritrovandosi coi sessant'anni sulle spalle, si sarebbono portati qual novizj, anzichè di farla da dottori in età di quindici.*"

XXV.

Cosa è Dio? questa è una quistione che si fa a' fanciulli, ed alla quale i filosofi stentano assai a rispondere.

Si sa in che età s'abbia un fanciullo a imparare l'abbici, il canto, il ballo, il

dogmatique révolte? „ On me fait haïr
„ les choses vraisemblables, dit l'auteur des
„ Essais, quand on me les plante pour in-
„ faillibles. J'aime ces mots qui amollis-
„ sent & modérent la témérité de nos
„ propositions, *à l'aventure*, *aucunement*,
„ *quelquefois*, *on dit*, *je pense*, & autres
„ semblables: & si j'eusse eu à dresser des
„ enfants, je leur eusse tant mis en la
„ bouche cette façon de répondre enques-
„ tante & non résolutive, *quest ce à dire*,
„ *je ne l'entends pas*, *il paroît*, *est-il vrai*,
„ qu'ils eussent plutôt gardé la forme d'ap-
„ prentifs à soixante ans, que de représen-
„ ter les docteurs à l'âge de quinze.

XXV.

Quest-ce que Dieu? question qu'on fait aux enfants, & à laquelle les Philosophes ont bien de la peine à répondre.

On sait à quel âge un enfant doit apprendre à lire, à chanter, à danser, le La-

Latino, la Geometria, ma in materia di religione sol tanto non si ha riguardo alla sua capacità. A mala pena egli può capire, che gli vien domandato, che cosa è Dio? Dalla stessa bocca, nel medesimo tempo gli succede d'imparare esistere folletti, lemuri, l'orco, ed esistere un Dio. Gli s'inculca una delle più rilevanti verità in un modo attissimo a screditarla un dì al tribunale della sua ragione. Di fatto sarebbe egli da farsene le maraviglie, se in età di vent'anni, essendo nella sua testa mista confusamente l'esistenza di Dio con un mondo di assardi, egli la sconoscesse, e la trattasse in quella guisa in cui trattano i giudici un uom dabbene impegnato per disgrazia con una combriccola di scellerati.

XXVI.

Ci si parla di Dio anzi tempo; a questo, altro mancamento s'aggiugne; nelle menti non s'imprime abbastanza la sua presenza. Hanno gli uomini da loro bandita la Divinità, e confinanta l'anno in un Santuario. Di là dalle mura che le stanno d'intorno più veduta non viene, più non esiste. Buttate giù, o insensati! questi

tin, la Géometrie. Ce n'est qu'en matiere de religion qu'on ne consulte point sa portée ; à peine entend-il, qu'on lui demande : quest-ce que Dieu? C'est dans le même instant, c'est de la même bouche qu'il apprend qu'il y a des esprits follets, des revenants, des loups garoux & un Dieu. On lui inculque une des plus importantes vérités d'une maniere capable de la décrier un jour au tribunal de sa raison. En effet, qu'y aura-t-il de surprenant, si, trouvant à l'age de vingt ans l'existence de Dieu confondue dans sa tête avec une foule de préjugés ridicules, il vient à la méconnoître & à la traiter ainsi que nos juges traitent un honnête homme qui se trouve engagé par accident dans une troupe de coquins.

XXVI.

On nous parle trop tôt de Dieu : autre défaut, on n'insiste pas assez sur sa présence. Les hommes ont banni la Divinité d'entre eux ; ils l'ont reléguée dans un sanctuaire ; les murs d'un Temple bornent sa vue ; elle n'existe point au-delà. Insensés que vous êtes, détruisez ces enceintes qui rétrécissent vos idées, élargissez Dieu :

ricinti, i quali pongon in ristretto le idee vostre, mettete Dio in libertà. Rimiratelo in qualunque luogo ove si ritruova, o dite esso non esistere. Se avessi da allevare un fanciullo, farei che Iddio gli fosse compagno sì fattamente assiduo che dourerebbe molto minor fatica a riuscir Ateista che dal guardarsi di diventarlo. In cambio di addurgli in esempio taluno, il quale egli ha forse per uom più di se perverso, io gli direi bruscamente, ti ode Iddio, e tu dì il falso. *I fanciulli vogliono essere colti per la parte de' sensi. Gli accrescerei adunque all'intorno i segni indicanti la presenza divina. Se, a cagion d'esempio, si venisse a conversazione a casa mia, io vi assegnerei un luogo a Dio, vorrei che il mio discepolo usasse dire: „ Noi eravamo „ quattro, Iddio, il mio amico, il mio „ ajo, ed io."*

XXVII.

L'ignoranza e la incuriosità *sono due guanciali molto soffici, ma per ritrovargli tali, non ci vuole a meno di una testa ben organizzata al pari di quella del Montagne.*

voyez-le par-tout où il est, ou dites qu'il n'est point. Si j'avois un enfant à dresser, moi, je lui ferois de la Divinité une compagnie si réelle, qu'il lui en couteroit peut-être moins pour devenir Athée que pour s'en distraire. Au lieu de lui citer l'exemple d'un autre homme, qu'il connoît quelquefois pour plus méchant que lui, je lui dirois brusquement, *Dieu t'entend, & tu ments.* Les jeunes gens veulent être pris par les sens; je multiplierois donc autour de lui les signes indicatifs de la présence divine. S'il se faisoit, par exemple, un cercle chez moi, j'y marquerois une place à Dieu; & j'accoutumerois mon éléve à dire: „ Nous etions quatre, Dieu, mon „ ami, mon Gouverneur & moi."

XXVII.

L'ignorance & l'*incuriosité* sont deux oreillers fort doux; mais pour les trouver tels, il faut avoir *la tête aussi bien faite* que Montaigne.

XXVIII.

Alla fredda lentezza dello scettico conformarsi non sanno gli animi ferventi nè le fantasie ardenti, le quali ad ogni modo vogliono porsi a rischio di fare una qualsivoglia elezione, anzichè non farne veruna, ingannarsi anzichè vivere stando sempre nel dubbio. O sia che si fidin poco delle loro braccia, o sia che abbian paura della profondità delle acque sempre veggonsi appiccati a' rami della cui poca robustezza sono consapevoli, volendo piuttosto a questi star penzoloni che commettersi all' arbitrio della corrente. Affermano ogni cosa, se ben fatto non anno esatto giudizio di cosa alcuna: non dubitano di nulla, perchè a ciò fare manca lor l'animo e la pazienza Soggetti a lampi che gli determinano, se a caso incontran la verità, incontranla non tentone, ma all' improvviso e quasi per rivelazione. Sono fra i dogmatici, quelli per l'appunto, che fra i divoti illuminati vengon chiamati. N'ho veduto io di così fatti individui per natura inquieti, i quali non giungevano a capire come alla quiete avesse ad accoppiarsi l'irresoluzione dell'animo. „ Eh come mai „ menar può vita felice chi non sa chi „ egli si sia, d'onde venga; dove vada,

XXVIII.

Les esprits bouillants, les imaginations ardentes ne s'accommodent pas de l'indolence du sceptique ; ils aiment mieux hazarder un choix que de n'en faire aucun, se tromper que de vivre incertains : soit qu'ils se méfient de leurs bras, soit qu'ils craignent la profondeur des eaux, on les voit toujours suspendus à des branches dont ils sentent toute la foiblesse & auxquelles ils aiment mieux demeurer accrochés que de s'abandonner au torrent ; ils assurent tout, bien qu'ils n'aient rien soigneusement examiné ; ils ne doutent de rien, parce qu'ils n'en ont ni la patience ni le courage ; sujets à des lueurs qui les décident, si par hazard ils rencontrent la vérité, ce n'est point à tâtons, c'est brusquement & comme par révélation. Ils sont entre les dogmatiques, ce qu'on appelle les illuminés chez le peuple dévot. J'ai vu des individus de cette espece inquiete, qui ne concevoient pas comment on pouvoit allier la tranquillité d'esprit avec l'indécision. „ Le „ moyen de vivre heureux, sans savoir qui „ l'on est, d'où l'on vient, où l'on va, „ pourquoi l'on est venu" ! Je me pique d'ignorer tout cela, sans en être plus mal-

„ *a che fine venuto sia". Io, rispondeva freddamente lo scettico, fo professione di star all' oscuro di tutte queste cose, nè per ciò riputomi infelice; se la ragione interrogata de' fatti miei ammutolì, non ci ho colpa nè peccato. Non mi verrà a noja mai non sapere ciò che possibil non è ch'io sappia, nè increscerammi il non aver potuto acquistar cognizioni le quali indubitatamente non mi sarebbono riuscite gran fatto utili giacchè ne rimango privo. Sarebbe, dice uno de' più sublimi ingegni di questo secolo, come se m'affannassi da senno di non aver quattr' occhi, quattro piedi e due ale.*

XXIX.

Ch'io vada della verità in cerca chieder debbesi; ma non ch'io la ritruovi. Non può egli un Sofisma più vivamente muovermi che non fa una sodissima prova? io son necessitato ad acconsentire al falso da me scambiato pel vero, ed a ripudiare il vero da me scambiato pel falso. Ma ho io a temer di cosa alcuna se volontario non è l'error mio. Non è lassù premiato chi quaggiù dotato fu d'alto ingegno, vi si darebbe egli gastigo a chi non ne ha avuto? dannare uno perchè travia nel discorre-

heureux, repondoit froidement le sceptique: ce n'est point ma faute si j'ai trouvé ma raison muette, quand je l'ai questionnée sur mon état. Toute ma vie j'ignorerai sans chagrin ce qu'il m'est impossible de savoir. Pourquoi regretterois-je des connoissances que je n'ai pu me procurer, & qui sans doute ne me sont pas fort nécessaires, puisque j'en suis privé? J'aimerois autant, a dit un des premiers génies de notre siecle, m'affliger sérieusement de n'avoir pas quatre yeux, quatre pieds & deux ailes.

XXIX.

On doit exiger de moi que je cherche la vérité, mais non que je la trouve. Un sophisme ne peut-il pas m'affecter plus vivement qu'une preuve solide? Je suis nécessité de consentir au faux que je prens pour le vrai, & de rejeter le vrai que je prends pour le faux; mais qu'ai-je à craindre, si c'est innocemment que je me trompe? L'on n'est point récompensé dans l'autre monde pour avoir eu de l'esprit dans celui-ci; y seroit-on puni pour en avoir manqué? Damner un homme pour de mauvais raisonne-

re, questo si è un voler dimenticare ch' egli è uno sciocco per trattarlo da uomo malvagio.

XXX.

Cosa è uno Scettico? un filosopho il quale ha dubitato di quanto egli crede, e crede quel che l'uso legittimo della sua ragione e de' sensi suoi gli han dimostrato per vero. Volette voi una più precisa definizione? fate che sincero sia il Pirronista, ed eccovi lo scettico bello e trovato.

XXXI.

Quel che non è venuto mai in quistione, non è stato provato. Ciò che non è stato esaminato senza preoccupazione, non è stato mai bene esaminato. Lo scetticismo adunque è quello che ci mette per la strada che conduce alla verità. Egli esser dee generale essendone egli la pietra di paragone. Se per accertarsi dell'esistenza di Dio il filosofo dal dubitar comincia, qual sarà mai la proposizione che non abbia a venire a quel cimento?

mens, c'eſt oublier qu'il eſt un ſot, pour le traiter comme un méchant.

XXX.

Qu'eſt-ce qu'un ſceptique? c'eſt un Philoſophe qui a douté de tout ce qu'il croit, & qui croit ce qu'un uſage légitime de ſa raiſon & de ſes ſens lui a démontré vrai: voulez-vous quelque choſe de plus précis? Rendez ſincere le Pyrrhonien, & vous aurez le ſceptique.

XXXI.

Ce qu'on n'a jamais mis en queſtion, n'a point été prouvé. Ce qu'on n'a point examiné ſans prévention, n'a jamais été bien examiné. Le ſcepticiſme eſt donc le premier pas vers la vérité. Il doit être général, car il en eſt la pierre de touche. Si pour s'aſſurer de l'exiſtence de Dieu, le Philoſophe commence par en douter, y a-t-il quelque propoſition qui puiſſe ſe ſouſtraire à cette épreuve?

XXXII.

È tatora l'incredulità il vizio d'uno Sciocco, e la credulità il difetto d'un uom d'ingegno. L'uomo spiritoso lungi scorge nell'immensità de' possibili; lo sciocco altro possibile non ravvisa o poco meno, se non quello che è. Quindi forse l'uno riesce pusillanimo e temerario l'altro.

XXXIII.

Non a minor rischio mettesi chi nel creder eccede, di quel che nel credere scarseggia. Sta in ugual pericolo chi all' Ateismo e chi al Politeismo aderisce. Ora lo scetticismo può solo tenerci lontani in ogni tempo e luogo da questi due eccessi.

XXXIV.

Il mezzo scetticismo accenna un ingegno debole: egli palesa un pusillanimo ragionatore intimorito dalle consequenze, un superstizioso, il quale dimostrarsi riverente verso il suo Dio stima, col dare ceppi alla sua ragione, una sorte d'incredulo che teme di cavar a se stesso la maschera, perciocchè se la ragione non iscapita nell'esser esamina-

XXXII.

L'incrédulité est quelquefois le vice d'un sot, & la crédulité le défaut d'un homme d'esprit. L'homme d'esprit voit de loin dans l'immensité des possibles; le sot ne voit guere de possible que ce qui est. C'est-là peut-être ce qui rend l'un pusillanime & l'autre téméraire.

XXXIII.

On risque autant à croire trop qu'à croire trop peu; il n'y a ni plus ni moins de danger à être Polythéiste qu'Athée: or le scepticisme peut seul garantir également, en tout temps & en tout lieu, de ces deux excès opposés.

XXXIV.

Un semi-scepticisme est la marque d'un esprit foible: il décele un raisonneur pusillanime qui se laisse effrayer par les conséquences, un superstitieux qui croit honorer son Dieu par les entraves où il met sa raison, une espece d'incrédule qui craint de se démasquer à lui-même; car si la vérité n'a rien à perdre à l'examen, comme en est

ta, ſiccome ne ſta convinto il mezzo ſcettico, che penſa egli nel ſegreto del ſuo cuore di coteſte nozioni privilegiate, di ſcandagliar lequali egli ha paura, e che in un ripoſtiglio del ſuo cervello collocate ſono non altrimenti che in un ſantuario a cui accostarſi non ardiſce.

XXXV.

Sento gridar da ogni parte dà all' impietà. In Aſia il Criſtiano è tenuto impio. il Muſulmanno in Europa, il Papiſta in Londra, in Parigi il Calviniſta, il Gianſeniſta, in capo alla ſtrada di ſan Giacomo, il Moliniſta nel fondo del ſobborgo di ſan Medardo. Coſà è adunque un impio? ſono impj forſe tutti gli uomini, o neſſuno?

XXXVI.

O contraddiconſi i divoti, o ſono, a parer mio, poco intendenti dell'utile loro quando ſi ſcagliano addoſſo allo ſcetticiſmo. Se egli è fuor di contraſto che per abbracciare o per laſciare un culto altro non ſi richiegga che una perfetta cognizione del vero o del falſo di quello, ſarebbe da deſiderare che nel mondo un general dubbio en-

convaincu le ſemi-ſceptique, que penſe-t-il au fond de ſon ame de ces notions privilégiées qu'il appréhende de ſonder, & qui ſont placées dans un recoin de ſa cervelle, comme dans un ſanctuaire dont il n'oſe approcher.

XXXV.

J'entends crier de toutes parts à l'impiété. Le Chrétien eſt impie en Aſie, le Muſulman en Europe, le Papiſte à Londres, le Calviniſte à Paris, le Janſéniſte au haut de la rue St. Jacques, le Moliniſte au fond du fauxbourg S. Médard. Qu'eſt-ce donc qu'un impie? tout le monde l'eſt-il, ou perſonne?

XXXVI.

Quand les dévôts ſe déchaînent contre le ſcepticiſme, il me ſemble qu'ils entendent mal leur intérêt, ou qu'ils ſe contrediſent. S'il eſt certain qu'un culte vrai pour être embraſſé, & qu'un faux culte pour être abandonné, n'ont beſoin que d'être bien connus; il ſeroit à ſouhaiter qu'un doute univerſel ſe répandit ſur la ſur-

trasse, e che tutt' i popoli si c ntentassero far un esatto scrutinio del vero delle loro religioni, che già de' nostri Missionnarj ammezzata dirsi potrebbe la bisogna.

XXXVII.

Chi non s'attiene per elezione al culto trasmessogli nell' educazione più non può darsi vanto di essere Cristiano o Maomettano di quel che di non esser nato cieco o zoppo. Questa si è una fortuna e non un merito.

XXXVIII.

Chi facesse il sacrifizio della vita in riguardo a una religione della cui falsità fosse consapevole, egli si porterebbe da forsennato.

Chi muore in grazia di un culto falso, ma da lui tenuto per vero, o di un culto vero, ma delquale non ha le convenevoli prove, costui è un fanatico.

Il vero Martire si è quello che muore per un culto vero, la cui verità gli è dimostrata.

face de la terre, & que tous les peuples voulussent bien mettre en question la vérité de leurs religions: nos Missionnaires trouveroient la bonne moitié de leur besogne faite.

XXXVII.

Celui qui ne conserve pas par choix le culte qu'il a reçu par éducation, ne peut non plus se glorifier d'être Chrétien ou Musulman, que de n'être point né aveugle ou boiteux. C'est un bonheur & non pas un mérite.

XXXVIII.

Celui qui mourroit pour un culte dont il connoîtroit la fausseté, seroit un enragé.

Celui qui meurt pour un culte faux, mais qu'il croit vrai, ou pour un culte vrai, mais dont il n'a point de preuves, est un fanatique.

Le vrai Martyr est celui qui meurt pour un culte vrai, & dont la vérité lui est démontrée.

XXXIX.

Il vero Martire sta aspettando la morte. L'entusiasta gli corre incontro.

XL.

Se standosi uno in Medina facesse insulto alle ceneri di Maometto, i suoi altari distruggesse, e mettesse a romore una meschita, costui al certo sarebbe impalato, nè per ciò forse riposto sarebbe nel catalogo de' santi. Non è più questo zelo in voga. Pazzo sarebbe stimato a dì nostri Poliutto.

XLI.

È andato il tempo delle rivelazioni, de' prodigj e delle straordinarie missioni, che al Cristianesimo non abbisognano que' strani puntelli. Uno fira noi a cui verrebbe in pensier, facendo il personnaggio di Giona, d'andar a giro per le strade gridando: „ Ancora tre giorni e Parigi non sara più. „ Fate penitenza, Parigini, ponetevi in „ dosso il cilicio, ricopritevi il capo di ce„ nere, se nò passati tre giorni perirete „ tutti". Questi sarebbe incontanente acchiappato e di legge condotto davanti al

XXXIX.

Le vrai Martyr attend la mort. L'enthousiaste y court.

XL.

Celui qui se trouvant à la Mecque, iroit insulter aux cendres de Mahomet, renverser ses autels, & troubler toute une Mosquée, se feroit empaler à coup sûr, & ne seroit peut être pas canonisé. Ce zele n'est plus à la mode. Poyleucte ne seroit de nos jours qu'un insensé.

XLI.

Le temps des révélations, des prodiges & des missions extraordinaires est passé. Le Christianisme n'a plus besoin de cet échaffaudage. Un homme qui s'aviseroit de jouer parmi nous le rôle de Jonas, de courir les rues en criant : „ encore trois jours & Paris ne sera plus ; Parisiens, faites pénitence ; couvrez-vous de sacs & de cendres, ou dans trois jours vous périrez " ; seroit incontinent saisi & traîné devant un juge, qui ne manqueroit pas de l'envoyer aux petites-maisons ; il auroit beau dire :

giudice, il quale non lasciarebbe di confinarlo nello spedale de' pazzi. Dicesse pur quanto più volesse: „ Popoli, Iddio non „ ama voi forse quanto amò i Niniviti? „ siete voi colpevoli meno di essi?" Non gli si darebbe retta, nè per trattarlo da visionario si aspetterebbe il prefisso termine del profetico annunzio.

Dall'altro mondo torni pur Elia quando più vorrà. Tali sono gli uomini, che a voler da loro ottenere grata accoglienza, gli converrà comparire corteggiato da numero grande di miracoli.

XLII.

Quando ad un popolo si annunzia un dogma alla dominante religione opposito, o fatto alcuno alla pubblica tranquillità contrario, se anche avvalorata venisse con miracoli la missione, può con ragione chi governa, decretar pene, può il popolo gridar crucifige. *Di quanto danno non sarebbe egli lasciar gli animi in abbandono alle seducenti ciurmerie di un impostore, o alle vane fole di un Visionario? se contro i Giudei gridò vendetta il sangue di Cristo, questo si è perchè, spargendolo, non porgevan orecchi alla voce di Mosè e de' Profeti,*

„ Peuples, Dieu vous aime-t-il moins que „ le Ninivite ? êtes-vous moins coupables „ que lui" ? On ne s'amuſeroit point à lui répondre, & pour le traiter en viſionaire, on n'attendroit pas le terme de ſa prédiction.

Elie peut revenir de l'autre monde quand il voudra ; les hommes ſont tels, qu'il fera de grands miracles s'il eſt bien accueilli dans celui-ci.

XLII.

Lorſqu'on annonce au peuple un dogme qui contredit la religion dominante, ou quelque fait contraire à la tranquillité publique ; juſtifiât-on ſa miſſion par des miracles, le Gouvernement a droit de ſévir, & le peuple de crier *crucifige*. Quel danger n'y auroit-il pas à abandonner les eſprits aux ſéductions d'un impoſteur, ou aux rêveries d'un viſionaire ? Si le ſang de Jéſus-Chriſt a crié vengeance contre les Juifs, c'eſt qu'en le répandant ils fermoient l'oreille à la voix de Moyſe & des Prophetes qui le déclaroient le Meſſie. Un Ange

feti, i quali indicavanlo pel Messia. Discenda pur un Angelo dal Cielo; a conferma de' ragionamenti suoi, operi pure prodigj; se egli predica contro la legge di Cristo, ordina san Paolo che gli si dica anatema. Prodigj adunque non adducansi in prova della missione di uno, ma in tanto sia tenuta legittima, in quanto la dottrina di quello sarà a quella del popolo cui mandato pretendesi, concordevole; massimamente quando la dottrina di questo popolo è dimostrata vera.

XLIII.

Ogni novità in uno stato è cosa da aversene paura. Dalla religione di Cristo, benchè sopra qualunque altra santa e mansueta, nacquero scandoli e discordie, prima che giugner potesse ad una stabile consistenza. Uscirono più volte i figliuoli della Chiesa fuor de' termini della discrezione e della tolleranza prescritte loro. Siami lecito il riferir quì squarci alcuni d'un Editto dell' Imperatore Giuliano, i quali al vivo rappresentano l'indole di cotesto Principe filosofo, ed il genio de' fanatici del suo tempo.

Jo m'era figurato, dice Giuliano, che i

vînt-il à deſcendre des cieux, appuyât-il ſes raiſonnemens par des miracles; s'il prêche contre la loi de Jéſus-Chriſt, Paul veut qu'on lui diſe anathême. Ce n'eſt donc pas par les miracles qu'il faut juger de la miſſion d'un homme; mais c'eſt par la conformité de ſa doctrine avec celle du peuple auquel il ſe dit envoyé, *ſur-tout lorſque la doctrine de ce peuple eſt démontrée vraie.*

XLIII.

Toute innovation eſt à craindre dans un gouvernement. La plus ſainte & la plus douce des religions, le Chriſtianiſme même, ne s'eſt pas affermi ſans cauſer quelques troubles. Les premiers enfants de l'Egliſe ſont ſortis plus d'une fois de la modération & de la patience qui leur étoient preſcrites. Qu'il me ſoit permis de rapporter ici quelques fragments d'un Edit de l'Empereur Julien; ils caractériſeront à merveille le génie de ce Prince Philoſophe, & l'humeur des zélés de ſon tems.

J'avois imaginé, dit Julien, que les chefs

principali tra i Galilei riconoſcendo quanto il mio procedere ſia da quello dell' anteceſſor mio diſſimile, grado mene ſentirebbero. Anno eſſi ſofferto ſotto il ſuo regno la prigionia e l'eſilio, e un mondo di quelli, tra loro eritici chiamati, furono dati al macello.... ſotto il mio, rivocati furono gli ſbanditi, i prigioni ſcarcerati ed i proſcritti ritornati ne' loro averi, Ma talè l'inquieto furor di coteſta razza di uomini, che ſpogliati della facoltà d'imperverſare l'uno contro l'attro, di tormentare coſì gli zelanti de' loro dogmi, ſiccome i ſeguaci della religione accreditata dalle leggi, non perdonano a mezzo alcuno, nè laſcian andare congiuntura che naſca loro di eccitare ſollevazioni; gente che non ha riguardo alla vera pietà, nè porta riverenza a' noſtri ſtatuti...... Tuttavia non è la noſtra intenzione che ſieno ſtraſcinati appiè de' noſtri altari, nè che venga lor fatta forza .... in quanto s'appartiene alla plebaglia, a noi pare che i ſuoi capi, e non altri, diano fomento a que' bollori ſedizioſi che la ſoſpingono, eſſendo coſtoro pieni di ſtizza perchè noi limitato abbiamo il poter loro, ſcacciandogli da' tribunali noſtri, e col toglier loro l'arbitraria diſpoſizione de' teſtamenti, l'agio di defraudare gli eredi

des Galiléens sentiroient combien mes procédés sont différents de ceux de mon prédécesseur, & qu'ils m'en sauroient quelque gré : ils ont souffert sous son regne l'exil & les prisons ; & l'on a passé au fil de l'épée une multitude de ceux qu'ils appellent entre eux hérétiques..... sous le mien, on a rappellé les exilés, élargi les prisonniers, & rétabli les proscrits dans la possession de leurs biens. Mais telle est l'inquiétude & la fureur de cette espece d'hommes, que depuis qu'ils ont perdu le privilege de se dévorer les uns les autres, de tourmenter & ceux qui sont attachés à leurs dogmes, & ceux qui suivent la religion autorisée par les loix, ils n'épargnent aucun moyen, ne laissent échapper aucune occasion d'exciter des révoltes ; gens sans égard pour la vraie piété, & sans respect pour nos constitutions.... Toutefois nous n'entendons pas qu'on les traîne aux pieds de nos autels & qu'on leur fasse violence..... Quant au menu peuple, il paroît que ce sont ses chefs qui fomentent en lui l'esprit de sédition, furieux qu'ils sont des bornes que nous avons mises à leurs pouvoirs : car nous les avons bannis de nos tribunaux ; & ils n'ont plus la commodité de disposer des testaments, de supplanter les héritiers légi-

legittimi, e d'impossessarsi dell' altrui eredità.... la onde noi facciamo divieto a questo popolo di radunarsi tumultuariamente, e di far occulte pratiche in casa de' sediziosi lor sacerdoti...... Metta in sicuro il presente editto i nostri Magistrati, i quali oltraggiati da i faziosi, non una volta vennero a ripentaglio di essere lapidati..... Pacificamente riducansi in casa de' superiori loro; quivi faccian le lor orazioni, quivi sieno ammaestrati, quivi attendano all' imposto lor culto, per me non rimane, ma ritirinsi da qualunque macchinazione.... Se queste radunanze saranno lor cagione di ribellione, io folli avvertiti che'l danno sarà loro..... Popoli increduli vivete in pace.... E voi, fedeli rimasi alla religione del vostro paese ed agli Dei paterni, guardatevi dall' esser persecutori de' vicini, de' concittadini vostri, la cui ignoranza è vieppiù di compatimento meritevole, che non è la lor perversità degna di biasimo..... Usar non conviene la forza, ma la ragione per ritornare gli uomini nel deviato sentiere della verità. Diamo ordine adunque a' nostri sudditi che sieno lasciati vivere in pace i Galilei.

Così pensava quel Principe, cui imputar puossi a delitto l'essere stato pagano, ma non l'essere stato apostata. Egli spese i primi tempi della vita nell'accudire a varie disci-

times, & de s'emparer des successions..... C'est pourquoi nous défendons à ce peuple de s'assembler en tumulte, & de cabaler chez ses Prêtres séditieux..... Que cet Edit fasse la sûreté de nos Magistrats, que les mutins ont insultés plus d'une fois, & mis en danger d'être lapidés...... Qu'ils se rendent paisiblement chez leurs chefs, qu'ils y prient, qu'ils s'y instruisent, & qu'ils y satisfassent au culte qu'ils en ont reçu; nous le leur permettons; mais qu'ils renoncent à tout dessein factieux..... Si ces assemblées sont pour eux une occasion de révolte, ce sera à leurs risques & fortunes; je les en avertis...... Peuples incrédules, vivez en paix...... Et vous qui êtes demeurés fideles à la religion de votre pays & aux Dieux de vos peres, ne persécutez point des voisins, des concitoyens, dont l'ignorance est encore plus à plaindre que la méchanceté n'est à blâmer..... C'est par la raison, & non par la violence, qu'il faut ramener les hommes à la vérité. Nous vous enjoignons donc, à vous tous nos fideles sujets, de laisser en repos les Galiléens.

Tels étoient les sentimens de ce Prince à qui l'on peut reprocher le paganisme, mais non l'apostasie. Il passa les premieres années de sa vie sous différents maître &

pline sotto diversi maestri. Riuscito poi maturo, fece un'infelice scelta, rivolgendosi sventuratamente al paterno culto ed agli Dei del suo paese.

XLIV.

Le opere di questo dotto imperadore sono arrivate fino a noi, nè finisco di farne le maraviglie, entro racchiudon passi, i quali non recane danno veruno alla verità del Cristianesimo, ma che ad alcuni Cristiani di que' tempi portan pregiudizio quanto basta, perchè anch'essi diventassero obbietto della particolar premura usata da i Padri della Chiesa nel disperdere le opere de' nemici loro. Egli è probabil cosa che da suoi predecessori ereditato avesse san Gregorio il grande di quel barbaro zelo il quale lo sollevò contro le arti e le scienze, che non è restato per quel Pontefice che noi non istessimo nel caso de' Maomettani, a cui altra lettura non avanza se non quella del loro Alcorano. Qual mai sarebbe stata la ventura degli antichi scrittori capitando nelle mani di quell'uomo, il quale a motivo di religione faceva sollecismi, figurandosi che osservare le regole della Grammatica si fosse sottomettere Giesù Cristo a Donato, e riputando obbligo di cos-

dans différentes écoles, & fit dans un âge plus avancé un choix infortuné: il se décida malheureusement pour le culte de ses ayeux & les Dieux de son pays.

XLIV.

Une chose qui m'étonne, c'est que les ouvrages de ce savant Empereur soient parvenus jusqu'à nous. Ils contiennent des traits qui ne nuisent point à la vérité du Christianisme, mais qui sont assez désavantageux à quelques Chrétiens de son temps, pour qu'ils se sentissent de l'attention singuliere que les Peres de l'Eglise ont eue de supprimer les ouvrages de leurs ennemis. C'est apparemment de ces prédécesseurs que Saint Grégoire le grand avoit hérité du zele barbare qui l'anima contre les lettres & les arts. S'il n'eût tenu qu'à ce Pontife, nous serions dans le cas des Mahométans, qui en sont réduits pour toute lecture à celle de leur Alcoran. Car quel eut été le sort des anciens Ecrivains entre les mains d'un homme qui solécisoit par principe de religion, qui s'imaginoit qu'observer les regles de la Grammaire c'étoit soumettre Jésus-Christ à Donat, & qui se crut obligé

cienza il distruggere gli avanzi dell' antichità.

XLV.

Tuttavia le scritture non portano un tal carattere di divinità, che l'autorità degli storici sacri sia del tutto independente dalla testimonianza degli autori profani. Come faremmo noi, se ci fosse d'uopo riconoscere il dito di Dio nella tessitura della nostra Bibbia? Quanto meschina non n'è la di lei versione in idioma latino? nè tampoco capi d'opera sono, riguardo alla composizione, i testi originali. I Profeti, gli Apostoli, gli Evangelisti scrissero come se l'intedevano. Se cosa fosse a noi lecita il considerare la storia del popolo Ebreo qual semplice parto dell' umana mente, non starebbono di sotto a Mosè nè a' successivi scrittori sacri Tito Livio, Sallustio, Cesare, Giuseppe, i quali certamente lontani sono dal sospetto di essere stati inspirati da Dio. Anzi non viene egli Mosè posposto al Gesuita Berruyer? Quadri nelle Chiese nostre si conservano, i quali secondo ci viene asseverato furono dagli Angeli e dalla divinità stessa dipinti. Se tali opere fossero dal pennello del Le Sueur o del Le Brun, avrei io che opporre ad una costante ed antichissima tradizione? Niente affatto forse. Ma scen-

en conſcience de combler les ruines de l'antiquité ?

XLV.

Cependant la divinité des Ecritures n'eſt point un caractère ſi clairement empreint en elles, que l'autorité des hiſtoriens ſacrés ſoit abſolument indépendante du témoignage des auteurs profanes. Où en ſerions-nous, s'il falloit reconnoître le doigt de Dieu dans la forme de notre Bible ? Combien la verſion latine n'eſt-elle pas miſérable ? Les originaux-mêmes ne ſont pas des chefs-d'œuvres de compoſition. Les Prophetes, les Apôtres & les Evangéliſtes ont écrit comme ils s'y entendoient. S'il nous étoit permis de regarder l'hiſtoire du peuple Hébreu comme une ſimple production de l'eſprit humain, Moyſe & ſes continuateurs ne l'emporteroient pas ſur Tite-Live, Salluſte, Céſar & Joſephe, tous gens qu'on ne ſoupçonne pas aſſurément d'avoir écrit par inſpiration. Ne préfere-t-on pas même le Jéſuite Berruyer à Moyſe ? On conſerve dans nos Egliſes des tableaux qu'on nous aſſûre avoir été peints par des anges & par la divinité même. Si ces morceaux étoient ſortis de la main de le Sueur ou de le Brun, que pourrois-je oppoſer à cette tradition

dendo poi ad una particolar osservazione di queste celesti fatture, e vedendo ad ogni tratto violate le regole della pittura così nel disegno siccome nell'esecuzione, il vero dell'arte in ogni parte negletto, nè potendo presuppone essere stato un imperito il facitore, mi convien avere per favolosa questa tradizione. Ora quel che vo dicendo circa questi quadri, non potrei io addattarlo alle Scritture sacre, se già non sapessi quanto poco rilevi che sia il contenuto di quelle con facondo o con rozzo stile enunziato? i Profeti piccaronsi di dire il vero, ma non di dirlo bene. Morirono forse gli Apostoli per altro, se non per testificare che quanto detto o scritto avevano, era verità? Ma tornando al proposito nostro, non era egli di somma importanza la conservazione de' profani autori, i quali non potevano non istarsi concordi co' sacri autori, almen in quanto si aspetta all'esistenza, ed a i miracoli di Cristo, alle qualità ed alla natura di Ponzio Pilato, alle gesta ed al martirio de' primi Cristiani?

XLVI.

Un popolo intero, diretemi, è testimonio di questo fatto, ardireste voi negarmelo? il

immémoriale? Rien du tout, peut-être. Mais quand j'obſerve ces céleſtes ouvrages, & que je vois à chaque pas les regles de la peinture violées dans le deſſein & dans l'exécution, le vrai de l'art abandonné partout; ne pouvant ſuppoſer que l'ouvrier étoit un ignorant, il faut bien que j'accuſe la tradition d'être fabuleuſe. Quelle application ne ferois-je pas de ces tableaux aux ſaintes Ecritures, ſi je ne ſavois combien il importe peu que ce qu'elles contiennent ſoit bien ou mal dit? Les Propheres ſe ſont piqués de dire vrai, & non pas de bien dire. Les Apôtres ſont-ils morts pour autre choſe que pour la vérité de ce qu'ils ont dit ou écrit? Or, pour en revenir au point que je traite, de quelle conſéquence n'étoit-il pas de conſerver des auteurs profanes, qui ne pouvoient manquer de s'accorder avec les auteurs ſacrés, au moins ſur l'exiſtence & les miracles de Jéſus-Chriſt, ſur les qualités & le caractere de Ponce-Pilate, & ſur les actions & le martyre des premiers Chrétiens?

XLVI.

Un Peuple entier, me direz-vous, eſt témoin de ce fait, oſerez-vous le nier?

negherò certo fino a tanto che questo attestato mi venga da persona autorevole, che aderente vostro non sia, e ch' io sappia essere quell' uomo incapace di fanatismo e di seduzione. Dirò più. Narri a me un autore disappassionato e tale conosciuto, essersi spalancata una voragine nel mezzo ad una città, gli Dei interrogati sopra l'intervenuto caso, aver risposto quella doversi riserrare tosto che verravvi gettata dentro la cosa la più preziosa che s'abbia. M'aggiunga poi che un generoso Cavaliere lanciatosi in fondo a quella, ha avuto l'oracolo il suo adempimento. Certo che a questo racconto presterò manco fede, che se detto semplicemente m'avesse, essersi spalancata una voragine, e che si consumò molto tempo e durossi fatica non piccola a ricolmarla. Quanto meno par probabile un fatto, tanto più la testimonianza della storia va calando di peso. Un uom dabbene, quantunque solo, mi venisse a dire avere il re rotti in battaglia i confederati, il crederei di leggieri, ma quando anche da tutto Parigi mi venisse confermato essere dianzi rissuscitato un morto nel contado di Passi, non m'indurrei a crederlo. Non è cosa sovra naturale che uno storico ci faccia scambiare un fatto per un altro, e che un popolo intero s'inganni.

Oui, j'oserai, tant qu'il ne me sera pas confirmé par l'autorité de quelqu'un qui ne soit pas de votre parti, & que j'ignorerai que ce quelqu'un étoit incapable de fanatisme & de séduction. Il y a plus. Qu'un auteur d'une impartialité avouée me raconte qu'un gouffre s'est ouvert au milieu d'une ville, que les Dieux consultés sur cet événement ont répondu qu'il se refermera si l'on y jette ce que l'on possède de plus précieux, qu'un brave chevalier s'y est précipité, & que l'oracle s'est accompli; je le croirai beaucoup moins que s'il eût dit simplement, qu'un gouffre s'étant ouvert on employa un temps & des travaux considérables pour le combler. Moins un fait a de vraisemblance, plus le témoignage de l'histoire perd de son poids. Je croirois sans peine un seul honnête homme qui m'annonceroit que sa Majesté vient de remporter une victoire complette sur les Alliés; mais tout Paris m'assureroit qu'un mort vient de ressusciter à Passy, que je n'en croirois rien. Qu'un Historien nous en impose, ou que tout un peuple se trompe; ce ne sont pas des prodiges.

XLVII.

Tarquinio ha intenzione di aggiungere nuovi corpi di cavalleria a quelli già da Romolo ſtabiliti. Un augure gli mantiene ogni novità in ordine a queſta milizia eſſere ſacrilega, ſe non è da gli Dei autenticata. Tarquinio mal ſoffrendo il parlar libero di queſto prete, voglioſo di confonderlo, e di ſcreditar nella di lui perſona un' arte che contraſtava la ſua autorità, fattolo comparire nella piazza pubblica, gli diſſe: „ indovino, quello che „ vo rivolgendo nell'animo è egli poſſibile? „ ſe il tuo ſaper è quale tu'l predichi, dee „ renderti abile a riſpondermi". L'Indovino non ſi perde, conſulta gli uccelli, e riſponde: „ Si, o Principe, può mandarſi ad „ effetto quel penſier che ti va per l'animo". Allora Tarquinio cavando di ſotto la veſte un raſoio, e tenendoſi una ſelce in mano; „ Vien quà, diſſe al indovino, tagliami „ queſta ſelce con queſto raſoio, imperocchè „ queſta è la coſa ch'io penſava poter farſi". Navio, coſì aveva nome l'augure, rivolto al popolo, baldanzoſo diſſe. „ Si porti alla ſelce il raſoio, e ſe in quel punto non ſia diviſa, traſcinate me al patibolo". Di fatti fuor dell'aſpettazione di tutti videſi la durezza della ſelce al taglio del raſoio cedere, e nelle

XLVII.

Tarquin projette d'ajouter de nouveaux corps de Cavalerie à ceux que Romulus avoit formés. Un augure lui soutient que toute innovation dans cette milice est sacrilege, si les Dieux ne l'ont autorisée. Choqué de la liberté de ce Prêtre, & résolu de le confondre & de décrier en sa personne un art qui croisoit son autorité, Tarquin le fait appeller sur la place publique, & lui dit: „ Devin, ce que je pense est-„ il possible? si ta science est telle que tu „ la vantes, elle te met en état de répon-„ dre." L'Augure ne se déconcerte point, consulte les oiseaux & répond. „ Oui, „ Prince, ce que tu penses se peut fai-„ re." Lors Tarquin tirant un rasoir de dessous sa robe, & prenant à la main un caillou, „ approche, dit-il au Devin, „ coupe-moi ce caillou avec ce rasoir; „ car j'ai pensé que cela se pouvoit." Navius, c'est le nom de l'augure, se tourne vers le peuple & dit avec assurance: „ qu'on „ applique le rasoir au caillou, & qu'on „ me traîne au supplice, s'il n'est divisé „ sur le champ." L'on vit en effet contre toute attente la dureté du caillou céder au tranchant du rasoir: ses parties se

e nelle disgiunte parti di essa questo internarsi così testamente, che la mano di Tarquinio ne rimase offesa e insanguinata. Prorompe in applausi il popolo sbalordito; Tarquinio lascia il suo proponimento e prende sotto il suo patrocinio gli auguri. Si racchiude sotto un altare il rasoio, e i frammenti della selce. Ergesi all' indovino una statua, laquale era ancor veduta sussistere sotto il regno di Augusto, e dalla sacra non men che dalla profana antichità attestata ci viene la verità di questo fatto negli scritti di Lattanzio, di Dionisio Alicarnasseo e di sant' Agostino.

Voi già udito avete la storia; ora sentite a parlare la superstizione. „ Cosa „ avete a rispondermi su questo particola„ re? egli è d'uopo dice il superstizioso „ quinto a Cicerone suo fratello, egli è „ d'uopo buttarsi in braccio a un mostruo„ so pirronismo, avere i popoli e gli storici „ per balordi, dar fuoco agli annali, o „ restar d'accordo della verità del fatto. „ Direte di nò a ogni cosa, anzi chè con„ fessare che gli Dei si danno cura delle „ cose nostre?"

Hoc ego Philosophi non arbitror, testibus uti, qui aut casu veri, aut malitiâ falsi, fictique esse possint. Argumentis

ſéparent ſi promptement, que le raſoir porte ſur la main de Tarquin & en tire du ſang. Le peuple étonné fait des acclamations; Tarquin renonce à ſes projets & ſe déclare protecteur des Augures; on enferme ſous un autel le raſoir & les fragments du caillou; on éleve une ſtatue au Devin; cette ſtatue ſubſiſtoit encore ſous le regne d'Auguſte; & l'antiquité profane & ſacrée nous atteſte la vérité de ce fait dans les écrits de Lactance, de Dénis d'Halicarnaſſe, & de St. Auguſtin.

Vous avez entendu l'hiſtoire; écoutez la ſuperſtition. „ Que répondez-vous à „ cela? il faut, dit le ſuperſtitieux Quin„ tus à Ciceron ſon frere, il faut ſe pré„ cipiter dans un monſtrueux pyrrhoniſme, „ traiter les peuples & les Hiſtoriens de „ ſtupides, & brûler les Annales, ou con„ venir de ce fait. Nierez-vous tout, „ plutôt que d'avouer que les Dieux ſe „ mêlent de nos affaires?"

' *Hoc ego philoſophi non arbitror, teſtibus uti, qui aut caſu veri, aut malitiâ falſi, fictique eſſe poſſint. Argumentis & ratio-*

& rationibus oportet, quare quidque ita ſit, docere, non eventis, iis præſertim quibus mihi non liceat credere .... omitte igitur lituum Romuli, quem in maximo incendio negas potuiſſe comburi; contemne cotem Accii Navii; nihil debet eſſe in philoſophiâ commentitiis fabellis loci. Illud erat philoſophi, totius augurii primum naturam ipſam videre, deinde inventionem, deinde conſtantiam .... habent Etruſci exaratum puerum auctorem diſciplinæ ſuæ. Nos quem? Acciumne Navium? Placet igitur humanitatis expertes habere divinitatis auctores! *Ma queſta è la credenza de' re, de' popoli, delle Nazioni e del mondo.* Quaſi verè quidquam ſit tam valdè, quam nihil ſapere, vulgare? aut quaſi tibi ipſi in judicando placeat multitudo. *Tal è la riſpoſta del Filoſofo. Miſi adduca un prodigio ſolo a cui eſſa addattibile non ſia. I Padri della Chieſa, i quali vedevano le difficoltà intricatiſſime, in cui ſarebbono per inciampare, volendo uſare i principj di Cicerone, Stimarono meglio ammettere il caſo di Tarquinio, e l'arte di Navio aſcriverla al Diavolo. Gran ripiego davvero quello del Diavolo!*

nibus oportet, quare quidque ita ſit, docere, non eventis, iis præſertim quibus mihi non liceat credere .... omitte igitur lituum Romuli, quem in maximò incendio negas potuiſſe comburi; contemne cotem Accii Navii; nihil debet eſſe in philoſophia commentitiis fabellis loci. Illud erat philoſophi, totius augurii primum naturam ipſam videre, deinde inventionem, deinde conſtantiam .... habent Etruſci exaratum puerum auctorem diſciplinæ ſuæ. Nos quem? Acciumne Navium? placet igitur humanitatis expertes habere divinitatis auctores! Mais c'eſt la croyance des Rois, des Peuples, des Nations & du monde. *Quaſi vere quidquam ſit tam valde, quam nihil ſapere, vulgare! aut quaſi tibi ipſi in judicando placeat multitudo!* Voila la réponſe du Philoſophe. Qu'on me cite un ſeul prodige auquel elle ne ſoit pas applicable. Les Peres de l'Egliſe, qui voyoient ſans doute de grands inconvénients à ſe ſervir des principes de Ciceron, ont mieux aimé convenir de l'aventure de Tarquin, & attribuer l'art de Navius au Diable. C'eſt une belle machine que le Diable!

XLVIII.

Apportan tutti i popoli fatti ſimili, i quali certo ſarebbero maraviglioſi ſe pur foſſero veri. Fatti non provati, e con cui tuttavia ſi dimoſtra ogni coſa; oſar negargli è impietà, ed è pur ſciochezza il credergli.

XLIX.

Romolo percoſſo dal folgore, o da i ſenatori ammazzato ſpariſce. Il popolo e la Soldateſca ne mormorano. Sollevanſi gli ordini dello ſtato gli uni contro gli altri. Roma naſcente in diſcordia al di dentro, e al di fuori co' nemici intorno ſtava in ſull' orlo del precipizio, quando con grave paſſo facendoſi innanzi un tal Proculeio, diſſe:
„ Romani, morto non è quel Principe del
„ quale voi fate il pianto, egli è ſalito in
„ Cielo, laddove ſtaſſi alla deſtra di
„ Giove. Va, diſſemi egli, i tuoi con-
„ cittadini accheta, annunzia lor ſedere
„ Romolo fia gli Dei, rendigli certi del
„ mio patrocinio. Sappiano che mai non
„ fia che al valor loro ſtian di ſopra le
„ nemiche forze. Un dì ſignoreggeranno
„ il mondo, Coſì ordina il deſtino. Baſta

XLVIII.

Tous les peuples ont de ces faits à qui, pour être merveilleux, il ne manque que d'être vrais; avec lesquels on démontre tout, mais qu'on ne prouve point; qu'on n'ose nier sans être impie, & qu'on ne peut croire sans être imbécille.

XLIX.

Romulus, frappé de la foudre ou massacré par les sénateurs, disparoît d'entre les Romains; le peuple & le soldat murmurent; les ordres de l'Etat se soulevent les uns contre les autres; & Rome naissante, divisée au dedans & environnée d'ennemis au dehors, étoit au bord du précipice, lorsqu'un certain Proculeius s'avance gravement & dit: „ Romains, ce Prince „ que vous regrettez n'est point mort; il „ est monté aux Cieux, où il est assis à „ la droite de Jupiter. Va, m'a-t-il dit, „ calme tes concitoyens: annonce-leur „ que Romulus est entre les Dieux: assu- „ re-les de ma protection: qu'ils sachent „ que les forces de leurs ennemis ne pré- „ vaudront jamais contre eux: le destin „ veut qu'ils soient un jour les maîtres

„ che quel vaticinio non tralascino di tra-„ mandarlo successivamente ai più lor ri-„ moti posteri.'' Congiunture si danno all' impostura favorevoli, imperocchè considerando in che termine fossero allora le cose di Roma, forza è confessare Proculeio essere Stato uomo di cervello, ed aver saputo egli cogliere l'opportunità del tempo. Negli animi trasfuse un pregiudizio, il quale riuscì di non mediocre utile alla futura grandezza della sua patria..... Mirum est quantùm illi viro hæc nuntianti, fidei fuerit; quàmque desiderium Romuli apud plebem, factâ fide immortalitatis, lenitum sit. Famam hanc admiratio viri & pavor præsens nobilitavit; factoque a paucis initio, Deum, Deo natum, salvere universi Romulum jubent. *Cioè che il popolo si bevve quell' apparizione, che fece vista il senato di crederla, che a Romolo altari furono eretti. Nè quì si stettero le cose; egli in breve già apparso non era ad un cittadino solo, ma nel corso d'un giorno a mille e più s'era fatto vedere. Non era stato percosso dal fulmine, nè coll' aiuto d'un propizio temporale se l'avevano levato innanzi i senatori, ma in cospetto del popolo schierato erasi per aria fra i tuoni e i lampi innalzato; e*

„ du monde: qu'ils en fassent seulement „ passer la prédiction d'âge en âge à leur „ postérité la plus reculée." Il est des conjonctures favorables à l'imposture; & si l'on examine quel étoit alors l'état des affaires de Rome, on conviendra que Proculeius étoit homme de tête, & qu'il avoit su prendre son temps. Il introduisit dans les esprits un préjugé qui ne fut pas inutile à la grandeur future de sa patrie..... *Mirum est quantim illi viro hæc nuntianti, fidei fuerit; quamque desiderium Romuli apud plebem, facta fide immortalitatis, lenitum sit. Famam hanc admiratio viri & pavor præsens nobilitavit; factoque a paucis initio, Deum, Deo natum, salvere universi Romulum jubent.* C'est-à-dire, que le peuple crut à cette apparition, que les sénateurs firent semblant d'y croire, & que Romulus eut des autels. Mais les choses n'en demeurerent pas là. Bientôt ce ne fut plus un simple particulier à qui Romulus s'étoit apparu. Il s'étoit montré à plus de mille personnes en un jour. Il n'avoit point été frappé de la foudre; les sénateurs ne s'en étoient point défaits à la faveur d'un temps orageux; mais il s'étoit élevé dans les airs au milieu des éclairs & au bruit du tonnerre, à la vue

col successo del tempo furono appiccate tant' altre frottole a questo fatto, che agli increduli del susseguente secolo ei volle del buono a uscire di quel intrigato laberinto.

L.

Più mi muove una dimostrazione che non fanno cinquanta fatti. Mercè il mio sommo confidare nella mia ragione, la mia credenza all' arbitrio d'un ciarlatano qualsivoglia sottoposta non è. Pontefice di Maometto raddrizza pur i zoppi; dà la parola a i mutoli; rallumina i ciechi, risana i paralitici, resuscita i morti, anzi fa un prodigio sino a ora intentato, rendi a i monchi le membra di cui son privi; ad ogni modo non giungerai, non senza tuo stupore, a dar alla mia fede il menomo tracollo. Hai tu voglia ch'io riesca un tuo seguace? mettiamo da parte questi prestigj e veniamo al ragionare; che fo più capitale del mio intelletto che degli occhi miei.

Essendo vera la religione che tu mi vai predicando, può la verità di essa mettersi in chiaro e dimostrarsi con ragioni invincibili. Trovami queste ragioni; per qual cagione infestarmi co' prodigj, mentre ad

de tout un peuple; & cette avanture se *calfeutra* avec le temps d'un si grand nombre de pieces, que les esprits forts du siecle suivant devoient en être fort embarrassés.

L.

Une seule démonstration me frappe plus que cinquante faits. Grace à l'extrême confiance que j'ai en ma raison, ma foi n'est point à la merci du premier saltimbanque. Pontife de Mahomet, redresse des boiteux; fais parler des muets; rends la vue aux aveugles; guéris des paralitiques; ressuscite des morts; restitue même aux estropiés les membres qui leur manquent, miracle que l'on n'a point encore tenté: & à ton grand étonnement, ma foi n'en sera point ébranlée. Veux-tu que je devienne ton prosélyte? laisse tous ces prestiges, & raisonnons. Je suis plus sûr de mon jugement que de mes yeux.

Si la religion que tu m'annonces est vraie, sa vérité peut-être mise en évidence & se démontrer par des raisons invincibles. Trouves-les ces raisons. Pourquoi me harceler par des prodiges, quand tu

atterrarmi basta un Sillogismo solo? eh come, sarebbe egli impresa più agevole il raddrizzare uno zoppo che l'illuminar me?

LI.

Giace in terra un uomo privo di sentimento, di voce, di calore, di moto. Sia pur volto, rivolto e scosso; glisi accosti il fuoco, non si risente. Un ferro infuocato non vale a trarne un segno di vita, è tenuto morto: è egli morto? nò. Costui è un altro prete di Calamo. „ Qui quando „ ei placebat, ad imitatas lamentantis ho- „ minis voces, ità se aufferebat à sensi- „ bus & jacebat simillimus mortuo, ut non „ solùm vellicantes atque pungentes mini- „ mè sentiret, sed aliquandò etiam igne „ ureretur admoto, sine ullo doloris sen- „ su, nisi postmodum ex vulnere." *S. Aug. Cit. de Dieu. Liv. 14. ch. 24. Se certuni a' dì nostri in un tal soggettaccio si fossero imbattuti, n'avrebbono ricavato grandissimo frutto. Ci si sarebbe fatto vedere un cadavero tornar in vita sulla tomba di un predestinato. La raccolta fatta da un Magistrato Giansenista sarebbe stata accresciuta di una risuscitazione,*

n'as besoin pour me terrasser que d'un Syllogisme ? quoi donc, te seroit-il plus facile de redresser un boiteux que de m'éclairer ?

L I.

Un homme est étendu sur la terre sans sentiment, sans voix, sans chaleur, sans mouvement. On le tourne, on le retourne, on l'agite, le feu lui est appliqué, rien ne l'émeut : le fer chaud n'en peut arracher un symptôme de vie ; on le croit mort : l'est-il ? non. C'est le pendant du Prêtre de Calame. „ *Qui quando ei placebat, ad imitatas lamentantis hominis* „ *voces, ita se auferebat a sensibus, &* „ *jacebat simillimus mortuo, ut non solum* „ *vellicantes atque pungentes minime sentiret, sed aliquandò etiam igne ureretur* „ *admoto, sine ullo doloris sensu, nisi post-* „ *modum ex vulnere.*" S. Aug. Cit. de Dieu. Liv. 14. ch. 24. Si certaines gens avoient rencontré de nos jours un pareil sujet, ils en auroient tiré bon parti. On nous auroit fait voir un cadavre se ranimer sur la cendre d'un prédestiné : le recueil du Magistrat Janseniste se seroit enflé d'une resurrection, & le Constitu-

e terrebbesi vinto forse il Constituzionario.

LII.

Confessar conviene, dice il logico di Porto-Reale, che Sant' Agostino fondatamente con Platone sostenne, il giudizio della verità e la regola per discernere non appartenere a' sensi, ma alla mente: non est veritatis judicium in sensibus. *E anche non dilatarsi gran fatto quella certezza che da' sensi trar si può, esservi molte cose che talun crede sapere col lor mezzo, delle quali pure non può appieno certificarsi. Qualora dunque la testimonianza de' sensi contraddice o non contrappesa l'autorità della ragione non resta più luogo a esitare; forza è starsene al dettame della ragione giusta le leggi della logica.*

LIII.

Suona d'applausi un sobborgo; quivi la cenere di un predestinato più prodigj opera in un giorno di quel che ne facesse Giesù Cristo durante la sua vita. Tutti vi corrono, tutti vi si affoltano, vengo anch' io dietro alla calca. Appena giunto mi vien

tionaire ſe tiendroit peut-être pour confondu.

LII.

Il faut avouer, dit le logicien de Port-Royal, que St. Auguſtin a eu raiſon de ſoutenir avec Platon que le jugement de la vérité & la regle pour diſcerner n'appartiennent pas aux ſens, mais à l'eſprit: *non eſt veritatis judicium in ſenſibus.* Et même que cette certitude que l'on peut tirer des ſens ne s'étend pas bien loin, & qu'il y a pluſieurs choſes que l'on croit ſavoir par leur entremiſe, & dont on n'a point une pleine aſſurance. Lors donc que le témoignage des ſens contredit, ou ne contre-balance point l'autorité de la raiſon, il n'y a pas à opter: en bonne logique, c'eſt à la raiſon qu'il faut s'en tenir.

LIII.

Un fauxbourg retentit d'acclamations: la cendre d'un prédeſtiné y fait en un jour plus de prodiges que Jeſus-Chriſt n'en fit en toute ſa vie. On y court; on s'y porte; j'y ſuis la foule. J'arrive à peine que j'entends crier miracle! miracle! j'appro-

udito gridare Miracolo! Miracolo! ſommi vicino, guardo e veggo un zoppettino, il quale coll' aiuto di tre o quattro perſone pietoſe che gli fanno ſpalla, va paſſeggiando, e il popolo che ne ſtrabiliſce, torna a gridar, Miracolo! Miracolo! ma dov'è il miracolo, Popolo alocco? non vedi tu già che quel furbaccio non ha fatto altro che cangiar ſtampelle. Seguiva in queſto caſo circa a' miracoli quello ch' è ſeguito ſempre riguardo a i folletti. Io giurerei che tutti colore che veduto anno folletti li temeſſero innanzi tratto, e che tutti quelli che colà vedevano miracoli, a vederne prima foſſero del tutto riſoluti.

LIV.

Abbiamo tutta via una copioſa raccolta di queſti preteſi miracoli da opporre all' incredulità anche la più oſtinata. Fu l'autore un ſenatore, un uomo conſiderato, il quale profeſſava un materialiſmo, a vero dire, malamente inteſo, ma che non faceva punto capitale ſopra la ſua converſione per proſperar le coſe ſue. Teſtimonio oculato di quanto egli racconta, del quale potè far giudizio con animo lontano da ogni preoccupazione, e da mira qualſiſſia d'utilità; da

che, je regarde, & je vois un petit boiteux qui se promene à l'aide de trois ou quatre personnes charitables qui le soutiennent, & le peuple qui s'en émerveille, de répéter, Miracle! Miracle! où donc est le Miracle, peuple imbécile? Ne vois-tu pas que ce fourbe n'a fait que changer de béquilles. Il en étoit dans cette occasion des miracles, comme il en est toujours des esprits. Je jurerois bien que tous ceux qui ont vu des esprits, les craignoient d'avance & que tous ceux qui voyoient là des miracles, étoient bien résolus d'en voir.

LIV.

Nous avons toutesfois de ces miracles prétendus un vaste recueil qui peut braver l'incredulité la plus déterminée. L'Auteur est un Sénateur, un homme grave, qui faisoit profession d'un matérialisme assez mal entendu à la vérité; mais qui n'attendoit pas sa fortune de sa conversion: Témoin oculaire des faits qu'il raconte, & dont il a pu juger sans prévention & sans intérêt, son témoignage est accompagné de mille autres. Tous disent qu'ils ont

da mille altre fiancheggiata viene la sua testimonianza. Attestano tutti aver veduto, tutte le lor deposizioni sono in autentica forma, gli strumenti originali di quelle conservansi negli archivj publici. Ora che risponderete? risponderò essere questi mirocoli prove di niun conto, sin che la quistione de' suoi sentimenti resterà indecisa.

LV.

Qualora un ragionamento fa a favore delle due parti, egli diventa argomento di niun valore così per l'una come per altra. Se al pari della vera religione annovera anche il fanatismo i suoi martiri, se fra coloro che in sostenimento della vera religione morirono, visi ritrovarono fanatici, o facciamo, il conto de' morti, se pur sia possibile, e crediamo, o andiamo investigando altri motivi di credibilità.

LVI.

Non è cosa che vaglia tanto a corroborare nell' irreligione quanto i falsi motivi di conversione. Agl'increduli tutto dì dicesi: chi vi siete voi, a voler oppugnare

vu, & leur dépoſition a toute l'autenticité poſſible: les actes originaux en ſont conſervés dans les archives publiques. Que repondre à cela? Que repondre? que ces miracles ne prouvent rien, tant que la queſtion de ſes ſentiments ne ſera pas décidée.

LV.

Tout raiſonnement qui prouve pour deux partis, ne prouve ni pour l'un ni pour l'autre. Si le fanatiſme a ſes Martyrs, ainſi que la vraie religion, & ſi entre ceux qui ſont morts pour la vraie religion, il y a eu des fanatiques: ou comptons, ſi nous le pouvons, le nombre des morts, & croyons; ou cherchons d'autres motifs de crédibilité.

LVI.

Rien n'eſt plus capable d'affermir dans l'irréligion, que de faux motifs de converſion. On dit tous les jours à des incrédules: qui êtes-vous pour attaquer une

una religione da i Paoli, da i Tertulliani, da gli Atanasi, da i Crisostomi, da gli Agostini, da i Cipriani e da tant'altri personnagi illustri così animosamente difesa? accorto vi sarete senza dubbio di qualche difficoltà laquale scappò a quegl'ingni sublime: fateci adunque vedere essere voi più dotto di loro, o se in contrario confesserete essere stati eglino superiori a voi in dottrina, dovrete alle lor decisioni i vostri dubbj sottomettere. Falsa consequenza. Da' lumi de' Ministri di una religione non si può arguire la verità di quella. Quando mai videsi un culto assurdo più di quello degli Egizi, eppure quando mai vidersi ministri di più lumi?.... Nò, non fia mai ch'io m'induca a porgere le mie adorazioni ad una cipolla. Qual è la prerogativa a lei conceduta a preferenza degli altri legumi? Avvilirmi col venerare esseri destinati pel miu nutricamento? Sarei un matto da catene. Bella Divinità davvero! una pianta laquale inaffio, laquale cresce e muore nell' orto mio!..... „ Taci, empio, raccapricciar „ mi fanno le tue bestemmie. Appunto a te „ tocca a far del faccente. Ne sai tu in „ queste cose più di quel che sa il Sacro Col- „ legio?" Chi sei tu a voler provocare i

religion que les Paul, les Tertullien, les Athanase, les Chrisostôme, les Augustin, les Cyprien, & tant d'autres illustres personnages ont si courageusement défendue? Vous avez sans doute apperçu quelque difficulté qui avoit échappé à ces génies supérieurs: montrez-nous donc que vous en sçavez plus qu'eux, ou sacrifiez vos doutes à leurs décisions, si vous convenez qu'ils en sçavoient plus que vous: raisonnement frivole. Les lumieres des ministres ne sont point une preuve de la vérité d'une religion. Quel culte plus absurde que celui des Egyptiens, & quels ministres plus éclairés?..... Non je ne peux adorer cet oignon. Quel privilege a-t'il sur les autres légumes? Je serois bien-fou de prostituer mon hommage à des Etres destinés à ma nourriture. La plaisante Divinité qu'une plante que j'arrose, qui croît & meurt dans mon potager!..... „ Tais-toi, misérable, tes „ blasphêmes me font frémir: c'est bien „ à toi à raisonner: en sçais-tu là-dessus „ plus que le Sacré Collége?" Qui es-tu pour attaquer tes Dieux, & donner des leçons de sagesse à leurs Ministres? es-tu plus éclairé que ces oracles que l'univers entier vient interroger? quelque soit ta

tuoi Dei, e dar lezioni di Sapienza a' lor ministri? sei tu illuminato più di questi oracoli, a consultare i quali il mondo intiero viene? qualunque sia la tua risposta, ammirerò o la tua arroganza o la tua temerità..... Non verrano mai i Christiani in chiara cognizione di quanto vagliono colle lor forze? nè lascieranno essi que' sgraziati sofismi a chi altro refugio non ha che questi? Omittamus ista communia quæ ex utrâque parte dici possunt, quanquàm verè ex utrâque parte dici non possint. *Sant' Agost. L'esempio, i prodigj e la prepotenza formano i corrivi e i baccetoni, forma i credenti la ragione sola.*

LVII.

Quanto importi a difesa di un culto palpabili ragioni adoperar, tutti ne sono d'accordo; e tuttavia inclinano a suscitar persecuzioni contro di quelli che a screditar le ragioni invalide s'affaticano. Non basta forse di essere cristiano? richiedesi ancora forse di esserlo in virtù di poco fondate ragioni? Divoti, mi piace che ne siate avvisati, io non son Cristiano perchè fu Cristiano Sant' Agostino, ma perchè la ragione consente ch'io il sia.

réponse, j'admirerai ton orgueil ou ta témérité..... Les Chrétiens ne sentiront-ils jamais toute leur force? & n'abandonneront-ils point ces malheureux sophismes à ceux dont ils sont l'unique ressource. *Omittamus ista communia quæ ex utrâque parte dici possunt, quanquàm verè ex utrâque parte dici non possint.* S. Aug. L'exemple, les prodiges & l'autorité peuvent faire des dupes ou des hypocrites; la raison seule fait des croyants.

LVII.

On convient qu'il est de la derniere importance de n'employer à la défense d'un culte que des raisons solides; cependant on persecuteroit volontiers ceux qui travaillent à décrier les mauvaises. Quoi donc? N'est-ce pas assez que l'on soit chrétien? faut-il encore l'être par de mauvaises raisons? Dévots, je vous en avertis; je ne suis pas chrétien parce que St. Augustin l'étoit; mais je le suis parcequ'il est raisonnable de l'être.

LVIII.

A me noti ſono i divoti; eſſi ſono facili a ſpaventarſi. Se par loro il preſente ſcritto contener coſa contraria alle loro idee, guai a me! che non laſcieranno di caricarmi addoſſo un mondo di calunnie, ſiccome già con molti altri uſarono, i quali erano da più di me aſſai. Quando pur ſela paſſino con intitolarmi un Deiſta, uno ſcellerato, non avrò ſe non a congratularmi del diſcreto lor procedere. E buona prezza che dannarono Carteſio, Montaigne, Lock e Baile, e vo perſuadendomi che ſono per dannarne molti altri. Sappiano a buon conto che non intendo già darmi il vanto di eſſere uomo più dabbene, ne Criſtiano migliore che non furono i piu di queſti Filoſofi. Io nacqui nelle chieſa Cattolica, Apoſtolica e Romana, e mi ſottopongo a tutto mio potere alle ſue deciſioni. Fo proponimento di morire nella religione de' miei antenati, laquale credo ottima, in quanto credor può chi colla Divinità non trattò mai immediatamente, nè fu giammai teſtimonio di prodigio alcuno. Queſta è la mia profeſſione di fede: io ſon poco meno che certo che ne ſaranno mal contenti, con tutto chè fra loro uno non vi ſia forſe in grado di farne una di queſta migliore.

LVIII.

Je connois les dévots: ils ſont prompts à prendre l'allarme. S'ils jugent une fois que cet écrit contient quelque choſe de contraire à leurs idées, je m'attends à toutes les calomnies qu'ils ont repandues ſur le compte de mille gens qui valoient mieux que moi. Si je ne ſuis qu'un Déiſte & qu'un ſcélérat, j'en ſerai quitte à bon marché. Il y a long-temps qu'ils ont damné Deſcartes, Montaigne, Lock & Bayle, & j'eſpére qu'ils en damneront bien d'autres. Je leur déclare cependant que je ne me pique d'être ni plus honnête homme, ni meilleur chrétien que la plûpart de ces Philoſophes. Je ſuis né dans l'Egliſe Catholique, Apoſtolique & Romaine, & je me ſoumets de toute ma force à ſes déciſions. Je veux mourir dans la religion de mes peres, & je la crois bonne autant qu'il eſt poſſible à quiconque n'a jamais eu de commerce immédiat avec la Divinité, & qui n'a jamais été témoin d'aucun miracle. Voila ma profeſſion de foi: je ſuis preſque ſûr qu'ils en ſeront mécontents, bien qu'il n'y en ait peut-être pas un ent'eux qui ſoit en état d'en faire une meilleure.

LIX.

Jo ho letto più d'una volta Abbadio, Huet e gli altri. Delle prove della mia religione ho bastante contezza, nè voglio negare che non sieno forti, ma supponendole cento volte più forti di quel che sono, il Cristianesimo per questo non sarebbe encora dimostrato. Perchè voler da me adunque ch'io creda essere in Dio tre persone con quanta ferma fede credo i tre angoli d'un triangolo essere a due dritti uguali. Qualunque prova in me generar debbe una certezza al suo grado di forza proporzionale, ed anno le Geometriche, le fisiche e le Morali dimostrazioni a muover l'animo mio in diversa guisa; altrimenti frivola sarebbe questa distinzione.

LX.

Voi porgete a un incredulo un volume di scritti, la cui divinità intendete dimostrargli, ma prima di metter al vaglio le vostre prove; non lascirà d'interrogarvi in ordine a questa raccolta. E stata ella sempre la stessa, dimanderà egli? perchè ritrovasi adesso meno copiosa che non era alcuni secoli sono? Con qual ragione si ha dato il

LIX.

J'ai lu quelquefois Abbadie, Huet & les autres; je connois suffisamment les preuves de ma religion, & je conviens qu'elles sont grandes; mais le seroient-elles cent fois davantage, le Christianisme ne seroit point encore démontré. Pourquoi donc exiger de moi que je croye qu'il y a trois personnes en Dieu, aussi fermement que je crois que les trois angles d'un triangle sont égaux à deux droits. Toute preuve doit produire en moi une certitude proportionnée à son dégré de force; & l'action des démonstrations Géométriques, Morales & Physiques sur mon esprit doit être différente, ou cette distinction est frivole.

LX.

Vous présentez à un incrédule un volume d'écrits, dont vous prétendez lui démontrer la divinité. Mais avant que d'entrer dans l'examen de vos preuves, il ne manquera pas de vous questionner sur cette collection. A-t'elle toujours été la même, vous demandera-t'il? pourquoi est-elle à présent moins ample qu'elle ne l'étoit il y

bando a tale e tale opera, alla quale altra setta porta riverenza? Con qual ragione si è conservata tale e tale altra opera repudiata da questa? Su che fondate la preferenza da voi data a questo manoscritto? Chi fu la vostra guida nel far cotesta vostra elezione fra copie così diverse, le quali mostrano ad evidenza questi Autori Sacri non essere stati tramandati a voi nella lor purità originale e primitiva? Ma se già, siccome vi conviene confessarlo, dall' imperizia de' Copisti o dalla malignità degli Eretici furono adulterate, prima di provarne la divinità, sarete necessitati a ritornarle nello stato lor primiero; perchè della vostre prove non ne tocca nulla a questi scritti tronchi ed imperfetti, nè sopra quelli ho a fondare la mia credenza. Ora a chi di questa riforma l'assunto darete? Alla Chiesa? ma non posso aver per infallibile la chiesa se non quando la divinità delle scitture provata mi verrà. Adunque eccomi scettico per forza.

A questa difficoltà altrimenti non si risponde se non confessando, essere i primi fondamenti della fede meramente umani, e col dire che la scelta fra i manoscritti. il ristoramento de' passi, in somma che la raccolta sia stata fatta secondo le regole d'una sana

a quelques ſiecles? de quel droit en a-t'on banni tel & tel ouvrage qu'une autre ſecte révére, & conſervé tel & tel autre qu'elle a rejeté? Sur quel fondement avez-vous donné la préférence à ce Manuſcrit? Qui vous a dirigé dans le choix que vous avez fait entre tant de copies différentes, qui ſont des preuves évidentes que ces ſacrés Auteurs ne vous ont pas été tranſmis dans leur pureté originale & premiere? mais ſi l'ignorance des copiſtes ou la malice des hérétiques les a corrompus, comme il faut que vous en conveniez, vous voila forcés de les reſtituer dans leur état naturel, avant que d'en prouver la divinité; car ce n'eſt pas ſur un recueil d'écrits mutilés que tomberont vos preuves, & que j'établirai ma croyance. Or qui chargerez-vous de cette reforme? l'Egliſe? Mais je ne peux convenir de l'infaillibilité de l'Égliſe, que la divinité des Ecritures ne me ſoit prouvée. Me voila donc dans un ſcepticiſme néceſſité.

On ne répond à cette difficulté, qu'en avouant que les premiers fondements de la foi ſont purement humains; que le choix entre les manuſcrits, que la reſtitution des paſſages, enfin que la collection s'eſt faite par des regles de critique; & je ne refuſe

critica, ed io pure non ricuso alla divinità de' libri sacri prestar il grado di fede proporzionato alla certezza di queste regole.

LXI.

Io investigando le prove, ho inciampato nelle difficoltà. I libri che contengono i motivi del mio credere a un tratto mi porgono le ragioni del mio star incredulo. Questi sono arsenali comuni Quivi contro l'Ateista ho veduto armarsi il Deista; il Deista e l'Ateista far battaglia contro il Giudeo; l'Ateista, il Deista, il Giudeo contro il Cristiano confederarsi; il Cristiano, il Giudeo, il Deista, l'Ateista venir alle mani col Maomettano; l'Ateista, il Deista, il Giudeo, il Maomettano e tutte le sette del Cristianesimo scagliarsi addosso al Cattolico, e lo scettico solo far fronte a tutti quanti. Io era il Guidice delle vicendevoli percosse; io teneva tra i combattitori la bilancia, le cui coppe sollevavansi o chinavansi proporzionalmente a i pesi onde venivan gravate. Dopo un lungo oscillare tracollò dalla banda del Cattolico, ma solo in forza del suo peso traboccante sulla resistenza, della parte opposita. Mi sono testi-

point d'ajouter à la divinité des livres ſacrés un dégré de foi proportionné à la certitude de ces regles.

LXI.

C'eſt en cherchant des preuves, que j'ai trouvé des difficultés. Les livres qui contiennent les motifs de ma croyance, m'offrent en même temps les raiſons de l'incrédulité. Ce ſont des arſénaux communs. Là j'ai vu le Déiſte s'armer contre l'Athée; le Déiſte & l'Athée lutter contre le Juif; l'Athée, le Déiſte & le Juif ſe liguer contre le Chrétien; le Chrétien, le Juif, le Déiſte & l'Athée ſe mettre aux priſes avec le Muſulman; l'Athée, le Déiſte, le Juif, le Muſulman & la multitude des ſectes du Chriſtianiſme fondre ſur le chrétien, & le ſceptique ſeul contre tous. J'étois juge des coups. Je tenois la balance entre les combattants; ſes bras s'élévoient ou s'abbaiſſoient en raiſon des poids dont ils étoient chargés. Après de longues oſcillations elle pencha du côté du Chrétien, mais avec le ſeul excès de ſa péſanteur, ſur la réſiſtance du côté oppoſé. Je me ſuis témoin à moi-même de

monio a me ſteſſo della mia rettitudine. Per me non iſtette che quell' eceſſo di peſo non mi ſembraſſe grandiſſimo. In teſtimonio chiamo iddio della mia ſincerità.

LXII.

Da queſta contrarietà d'opinioni anno i Deiſti immaginato un argomento ſtrano forſe più che ſodo. Volendo Cicerone provar eſſere i Romani i più bellicoſi popoli della terra, con deſtrezza ne cava di bocca a' rivali loro la confeſſione. Galli, dice egli, a chi la cedete voi in valore, ſe pur la cedete ad alcuno? a' Romani. Parti, da voi in fuori, chi ſono i più coraggioſi popoli? i Romani. Affricani, chi temereſte voi, ſe ſi ritrovaſſe alcuno che vi faceſſe paura? i Romani. Ora dicono i Deiſti, a imitazione di Cicerone, interroghiamo i ſeguaci de' diverſi culti. Cineſi, qual religione tenete la migliore, ſe la voſtra non è quella? la religione naturale. Maomettani, che culto abbracciereſte ſe ripudiaſte il Maomettaniſmo? il naturaliſmo. Criſtiani, ſe la voſtra non è la vera, qual ſarà la vera religione? il Guidaiſmo. Ma voi, o Giudei, falſo ſupponendo queſto, qual ſarebbe la religione alla-

mon équité. Il n'a pas tenu à moi que cet excès ne m'ait paru fort grand, j'atteste Dieu de ma sincerité.

LXII.

Cette diversité d'opinions a fait imaginer aux Déistes un raisonnement plus singulier peut-être que solide. Ciceron ayant à prouver que les Romains étoient les peuples les plus belliqueux de la terre, tire adroitement cet aveu de la bouche de leurs rivaux. Gaulois, à qui le cedez-vous en courage, si vous le cedez à quelqu'un? aux Romains. Parthes, après vous, quels sont les hommes les plus courageux? Les Romains. Africains, qui redouteriez vous, si vous aviez à redouter quelqu'un? Les Romains. Interrogeons à son exemple le reste des religionnaires, vous disent les Deistes. Chinois, quelle réligion seroit la meilleure, si ce n'étoit la vôtre? la réligion naturelle. Musulmans, quel culte embrasseriez-vous, si vous abjuriez Mahomet? Le Naturalisme. Chrétiens, quelle est la vraie religion, si ce n'est la chrétienne? la religion des juifs. Mais vous,

allaquale v'appigliereste? al naturalismo. Ora, aggiugne Cicerone, coloro a cui il secondo luogo viene unitamente conceduto, nè cedono ad alcuno il primo, essi sono senza contrasto meritevoli del primo.

IL FINE.

Juifs, quelle est la vraie religion, si le judaïsme est faux? Le Naturalisme. Or ceux, continue Ciceron, à qui l'on accorde la seconde place d'un consentement unanime, & qui ne cédent la premiere à personne, méritent incontestablement celle-ci.

FIN.

COLLOQUIO

Tra un Filosofo e la Signora Duchessa di ***.

Opera Postuma di TOMMASO CRUDELI.

ENTRETIEN

*d'un Philosophe avec Madame la Duchesse de ***.*

Ouvrage Posthume de THOMAS CRUDELI.

Avviso a chi Legge.

Il Creduli notissimo per le sue prose e rime avea un modo di pensare libero ed ardito assai, nè andava celandolo, siccome le brighe dall' jnquisizione date gli ne fanno manifesta fede. Ha lasciato alcuni manoscritti fra i quali il presente colloquio è stato ritrovato. Crediamo non essere esso mai stato pubblicato per l'addietro, benchè alcuni sostengano il contrario. L'abbiamo tradotto da una copia manchevolissima laquale ci è convenuto ristorare in molti luoghi. Le interlocuzioni non eran separate, talche spesse volte si correva rischio di ascrivere a uno degl' interlocutori quel ch'era dell' altro, e più spesso anchè da questa trascuratezza del copista seguiva che il testo originale ne riuscisse quasi del tutto inintilligibile. Preghiamo i Letterati della sua nazione di scusare la libertà presa da noi di por mano all' opera d'uno scrittore per tanti riguardi meritevole della loro stima. Se siamo incorsi in alcuni errori, ci giova sperare che saranno di poco momento. E

AVIS AU LECTEUR.

CRUDELI, si connu par ses poësies & par d'autres ouvrages, avoit une maniere de penser fort libre, & ses affaires avec l'inquisition ne prouvent que trop qu'il ne la dissimuloit guere. Il a laissé quelques manuscrits entre lesquels on a trouvé le dialogue suivant. Nous doutons qu'il ait jamais été imprimé, quoique quelques personnes prétendent le contraire. Nous l'avons traduit d'après une copie manuscrite très-incorrecte qu'il a fallu restituer en plusieurs endroits. Les interlocutions n'étoient point distinguées : souvent on étoit exposé à attribuer à un des personnages ce qui appartenoit à l'autre. Plus souvent cette inattention du copiste rendoit le texte original presque inintelligible. Nous demandons grace aux savants de sa nation pour la liberté que nous avons prise de toucher à l'ouvrage d'un auteur qui mérite son estime à de si justes titres. Si nous avons commis quelques erreurs nous osons nous flatter qu'elles seront légeres. Il y a toute appa-

verisimile la Dama colla quale il poeta conversa essere la Gentildonna Veneta Paolina Contarini cui ha dedicato alcune delle sue odi. La naturalezza e l'ingenuità di questo colloquio non ne lascia trasparire il profondo. Sarebbe da desiderare che le materie d'importanza venissero trattate sempre colla stessa imparzialità e collo stesso animo tollerante. Il filosofo non ha un pensiero al mondo di tirar dalla sua la Dama, e questa dal canto suo ode le ragioni del filosofo senza punto alterarsi, e dipartonsi l'uno dall' altro con sentimenti scambievoli d'amorevolezza e di stima. Nel tradurre questo colloquio ci pareva essere presenti al conversar loro; ci lusinghiamo che il leggitore proverà lo stesso piacere.*

rence que la Dame avec laquelle le Poëte s'entretient, eſt la Signora Paolina Contarini, Venitienne, à laquelle il a dedié quelques-unes de ſes odes. Ce dialogue n'eſt pas ſans profondeur, mais elle y eſt partout derobée par la naïveté & la ſimplicité du diſcours. Il ſeroit à ſouhaiter que les matieres importantes ſe traitaſſent toujours avec la même impartialité & dans le même eſprit de tolérance. Le Philoſophe ne prétend point amener la Dame à ſes opinions, & celle-ci de ſon côté écoute ſes raiſons ſans humeur, & ils ſe ſéparent l'un de l'autre en s'aimant & en s'eſtimant. En traduiſant ce dialogue il nous paroiſſoit aſſiſter véritablement à leur converſation, nous eſpérons qu'on en éprouvera le même effet à la lecture.

COLLOQUIO.

AVENDO *non ſo qual negozio a trattare col ſignor Ducadi.*** una mattina mi condusſi da lui. Egli era fuori di caſa. Feci fare l'imbaſciata alla ſignora Ducheſſa. E coſtei una donna che incanta, è bella è divota quanto un angelo; ella porta la piacevolezza ſcolpita nel viſo; ha un ſuono di voce poi e un ingenuo favellar alla ſua fiſonomia molto confacevoli. Ella ſtava acconciandoſi allo ſpecchio. Mi ſi preſenta una ſedia d'appoggio, ſeggo ed entriamo in diſcorſo. Da alcune mie propoſizioni onde reſtò edificata ed attonita, portando opinione chi nega la ſantiſſima Trinità eſſere unc ſcapeſtrato il quale la finiſce da eſſere impiccato, eſſa mi diſſe, non ſiete voi il ſignor Crudeli? —— Signora ſì. —— Siete voi adunque che non credete nulla? —— appunto. —— Eppure la voſtra morale mi par quella d'un credente. —— Perchè nò, quando egli è uom dabbene —— E coteſta voſtra morale la mettete voi in pratica? —— come meglio poſſo. —— Eh*

ENTRETIEN.

J'AVOIS je ne ſais quelle affaire à traiter avec le Duc de ***. J'allai à ſon hôtel un matin; il étoit abſent. Je me fis annoncer à Madame la Ducheſſe. C'eſt une femme charmante; elle eſt belle & dévote comme un ange; elle à la douceur peinte ſur ſon viſage; & puis un ſon de voix & une naïveté de diſcours tout-à-fait avenants à ſa phyſionomie. Elle étoit à ſa toilette. On m'approche un fauteuil, je m'aſſieds, & nous cauſons. Sur quelques propos de ma part qui l'édifierent & qui la ſurprirent, car elle étoit dans l'opinion que celui qui nie la très-ſainte Trinité eſt un homme de ſac & de corde qui finira par être pendu, elle me dit: N'êtes vous pas Monſieur Crudeli? —— Oui, Madame. —— C'eſt donc vous qui ne croyez rien? —— Moi-même. —— Cependant votre morale eſt d'un croyant. —— Pourquoi non, quand il eſt honnête homme? —— Et cette morale-là vous la pratiquez? —— De mon mieux. —— Quoi! vous ne volez point, vous ne

che! non rubate, non depredate, non ammazzate? —— Molto di rado. —— Che frutto ricavate voi non credendo? —— Niuno. Ma, ſignora, ſi crede egli perchè vi ha utile alcuno da ritrarne? —— Non ſaprei, ma la mira d'un guadagno non guaſta niente per gli affari di queſto nè dell' altro mondo. Mene ſpiace alquanto a contemplazione della povera umana generazione: non ne ſiamo migliori. Ma che, voi non rubate? —— Nò da galant'uomo. —— Se non ſiete nè ladro, nè aſſaſſino, convien almeno concediate il voſtro procedere non eſſere conſeguente. —— Eh perchè? —— Perchè mi par che ſe non aveſſi niente da ſperare nè da temere doppo la morte, vi ſono coſerelle ghiotte di cui non vorrei rimanere priva mentre che vivo quaggiù io il confeſſo, do in preſtanza a Dio a cento per uno. —— Velo penſate. —— Non dico da burla, ma dal miglior ſenno ch' io m'abbia. —— Si può ſapere quali ſieno le coſe che vi fareſte lecite eſ-

tuez point, vous ne pillez point? —— Très-rarement. —— Que gagnez-vous donc à ne pas croire? —— Rien du tout, Madame la Ducheſſe; eſt-ce qu'on croit parce qu'il y a quelque choſe à gagner? —— Je ne ſais; mais la raiſon d'intérêt ne gâte rien aux affaires de ce monde ni de l'autre. J'en ſuis un peu fâchée pour notre pauvre eſpece humaine: nous n'en valons pas mieux. Mais quoi, vous ne volez point? —— Non d'honneur. —— Si vous n'êtes ni voleur, ni aſſaſſin, convenez du moins que vous n'êtes pas conſéquent. — Pourquoi donc? —— C'eſt qu'il me ſemble que ſi je n'avois rien à eſpérer ni à craindre quand je n'y ſerai plus, il y a bien de petites douceurs dont je ne me priverois pas à-préſent que j'y ſuis. J'avoue que je prête à Dieu à la petite ſemaine. —— Vous l'imaginez. —— Ce n'eſt point une imagination, c'eſt un fait. —— Et pourroit-on vous demander quelles ſont ces choſes que vous vous permettriez, ſi vous étiez

ſendo incredula? Bel bello, ſignore, queſte ſon coſe da dirle al confeſſore. —— In quanto a me, do i miei capitali a entrate vitalizie. —— Queſto è un rifugio da pitocco. —— Mi vorreſte uſuraio piuttoſto? —— Sì certo, con Dio puoſſi dare a uſura quanto più ſi vuole, non ſarà mai condotto al verde; il procedere non è delicato, ve l'accordo, ma coſa importa? O per induſtria o per forza convien buſcarſi il cielo, quì ſta il punto: e così ſi vuole metter a conto ogni coſa, non laſciarſi uſcir di mano profitto qualſiſſia. Facciamo pur quanto ſappiamo e poſſiamo, l'uſcita ſarà ſempre molto ſcarſa in confronto all' entrata che ſperiamo. E voi non iſperate nulla? —— Nulla. —— Il caſo è doloroſo. Confeſſate adunque eſſere voi o molto perverſo o matto aſſai. —— Davvero, ſignora, non mi c'indurrò mai. —— Qual ſarà la ragione ſufficiente a ſtimolar l'incredulo alle Virtuoſe operazioni, ſe pur non è matto, vorrei ſaperla. —— Or ora vela dico. ——

incredule? —— Non pas, s'il vous plait, c'eſt un article de ma confeſſion. —— Pour moi je mets à fond perdu. —— C'eſt la reſſource des gueux. —— M'aimeriez-vous mieux uſurier ? —— Mais oui ; on peut faire l'uſure avec Dieu tant qu'on veut, on ne le ruine pas. Je ſais bien que cela n'eſt pas délicat, mais qu'importe? Comme le point eſt d'attraper le Ciel ou d'adreſſe ou de force, il faut tout porter en ligne de compte, ne négliger aucun profit. Hélas ! nous aurons beau faire, notre miſe ſera toujours bien mesquine en comparaiſon de la rentrée que nous attendons. Et vous n'attendez rien, vous ? —— Rien. —— Cela eſt triſte. Convenez donc que vous êtes bien méchant ou bien fou. —— En vérité, je ne ſaurois, madame la Ducheſſe. —— Quel motif peut avoir un incrédule d'être bon, s'il n'eſt pas fou ? Je voudrois bien le ſavoir. —— Et je vais vous le dire. —— Vous m'obligerez. —— Ne penſez-vous pas qu'on peut être ſi heureuſement né

Vene sarò obbligata. —— Non pensate voi che uno possa esser nato così felicemente che rechisi a gran diletto di operar il bene? —— Lo credo. —— Che uno possa aver avuto una educazione tanto eccellente che la natural propensione alla beneficenza ne riceva maggior forza? —— sicuro. —— E che essendo in età più provetta la sperienza ci abbia fatti capaci che ad ogni modo, in grazia della propria felicità in questo mondo, sia meglio governarsi da uomo dabbene che da briccone? —— Maisì; ma come si può fare a essere uomo d'onore quando pravi principj accopiati alle passioni tirano al male? —— Le azioni discordano da i principj; e non è forse questa discordanza cosa comunale? —— Oimè! dite pur troppo il vero, e questa è una gran disgrazia. Credesi e tuttodì si tiene vita quasichè non si credesse. —— E anche non credendo si vive a un dipresso come se si credesse. —— In buon' ora sia; ma qual sarebbe il danno procacciandosi una ragione di

qu'on trouve un grand plaisir à faire le bien? —— Je le pense. —— Qu'on peut avoir reçu une excellente éducation qui fortifie le penchant naturel à la bienfaisance? —— Assurément. —— Et que dans un âge plus avancé, l'experience nous ait convaincu qu'à tout prendre il vaut mieux pour son bonheur dans ce monde être un honnête homme qu'un coquin? —— Oui-da; mais comment est-on honnête homme lorsque de mauvais principes se joignent aux passions pour entrainer au mal? —— On est inconséquent, & y a-t-il rien de plus commun que d'être inconséquent? —— Hélas! malheureusement non; on croit, & tous les jours on se conduit comme si l'on ne croyoit pas. —— Et sans croire, l'on se conduit à peu près comme si l'on croyoit. —— A la bonne heure; mais quel inconvenient y auroit-il à avoir une raison de plus, la Religion, pour faire le bien, & une raison de moins, l'incrédulité, pour mal faire? —— Aucun, si la religion étoit

di più, la religione, per operar il bene, e una ragione di meno, l'incredulità, per operar il male? —— Niuno, dove la religione muovesse a far il bene, e l'incredulità stuzzicasse a far il male. —— Vi ha forse dubbio alcuno intorno a questo? Non è egli il genio della religione di contrapporsi di continuo a cotesta corrotta naturaccia, e quello dell' incredulità di lasciarla in abbandono alla sua malignità col francarla dal timore? —— Questo, Signora, sarebbe argomento di lunga discussione. —— Che importa? il signor Duca non è per tornare così presto, è meglio discorrerla in sul sodo che offendere la fama del prossimo. —— Sarà necessario farmi da lontano. —— Da quanto lontano più vorrete, solo che vi capisca. —— Se non mi comprendeste, la colpa sarebbe mia. —— Vostra gentilezza. Ma convien che sappiate non aver io letto fuorchè le mie orazioni, nè aver quasi atteso ad altro se non a praticare il vangelo e a far figliuoli. —— Voi avete ottimamente adempiuto all' uno e all'

un motif de faire le bien, & l'incrédulité un motif de faire le mal. —— Eſt-ce qu'il y a quelque doute là deſſus ? Eſt-ce que l'eſprit de la religion n'eſt pas de contrarier ſans ceſſe cette vilaine nature corrompue, & celui de l'incrédulité de l'abandonner à ſa malice en l'affranchiſſant de la crainte? —— Ceci, Madame la Ducheſſe, va nous jeter dans une longue diſcuſſion. —— Qu'eſt-ce que cela fait? Le Duc ne rentrera pas ſitôt, & il vaut mieux que nous parlions raiſon que de médire de notre prochain. —— Il faudra que je reprenne les choſes d'un peu haut. —— De ſi haut que vous voudrez, pourvu que je vous entende. —— Si vous ne m'entendiez pas ce ſeroit bien ma faute. —— Cela eſt poli; mais il faut que vous ſachiez que je n'ai jamais lu que mes heures, & que je ne me ſuis guere occupée qu'à pratiquer l'Evangile & à faire des enfants. —— Ce ſont deux devoirs dont vous vous êtes bien acquittée? —— Oui, pour les enfants; vous

altro obbligo. —— *Sì in quanto a' figliuoli. ne avete trovato sei starmi d'intorno e ifra pochi giorni potreste vederne un setimo fra le mio braccia. Ma entrate in materia.*— *Signora, dassi egli in questo mondo un bene che non si tiri dietro qualche sconcio?* —— *Niuno.* —— *E egli un male cui qualche utile non faccia compagnia?* —— *Niuno.* —— *Cosa chiamate adunque male o bene? il male sarà quello che porta seco più inconvenienti che vantaggi, e per l'opposito, il bene, quello che arreca molto comodo è poco danno.* —— *Si compiacerà Vossignoria tener a mente cotesta sua definizione del bene e del male?* —— *Non mene scorderò. Voi chiamate questo una definizione?* —— *Certo.* —— *Siamo dunque in filosofia?* —— *E nell' eccellente.* —— *Capperi! io filosofante.* —— *Così vi tenete certa che nella religione i vantaggi sono maggiori che gl' inconvenienti, e per questo la stimate un bene?* —— *Sicuro.* —— *in quanto a me non ho dubbio veruno che il vostro Mag-*

en avez trouvé ſix autour de moi ; & dans quelques jours, vous en pourriez voir un de plus ſur mes genoux, mais commencez. — Madame la Ducheſſe, y a-t-il quelque bien dans ce monde-ci qui ſoit ſans inconvénient ? —— Aucun. —— Et quelque mal qui ſoit ſans avantage ? —— Aucun. —— Qu'appellez-vous donc mal ou bien ? —— Le mal, ce ſera ce qui a plus d'inconvénients que d'avantages ; & le bien au contraire ce qui a plus d'avantages que d'inconvénients. —— Madame la Ducheſſe aura-t'elle la bonté de ſe ſouvenir de ſa définition du bien & du mal ? —— Je m'en ſouviendrai. Vous appellez cela une définition ? —— oui. —— C'eſt donc de la philoſophie ? —— Excellente. —— Et j'ai fait de la philoſophie ! —— Ainſi vous êtes perſuadée que la religion a plus d'avantages que d'inconvenients, & c'eſt pour cela que vous l'appellez un bien ? — Oui. —— Pour moi je ne doute point que

giordomo non sia per pelarvi meno la vigilia di Pasqua di quel che facesse dopo le feste, e che di quando in quando la religione non faccia argine a molti piccoli mali, e non sia cagione di non pochi benuzzi. — A quattrino a quattrino si fa il fiorino. — Ma pensate voi che le stragi orribili ch'ella ne' tempi addietro produsse ed è per produrre ne' tempi venturi, vengano da questi magri, vantaggi scontate? Considerate ch'ella cagionò, e ch'ella fomenta tuttavia fra le nazioni l'antipatia la più forte. Non è un Musulmanno che non vada figurandosi essere azione accetta a Dio ed al Santo Profeta lo sterminio di tutt' i Cristiani, i quali dal canto loro non sono, o poco manco, più tolleranti di quelli. Considerate ch'ella ha cagionato, e ch'ella fa perpetue nella medesima contrada dissenzioni le quali si spensero di rado senza spargimento di sangue. Delle quali la storia nostra cene porge esempli pur troppo freschi e funesti. Considerate ch'ella ha cagionato e ch'ella va eternando nella società tra

votre intendant ne vous vole un peu moins la veille de Pâques que le lendemain des fêtes, & que de temps en temps la religion n'empêche nombre de petits maux & ne produiſe nombre de petits biens. —— Petit à petit cela fait ſomme. —— Mais croyez-vous que les terribles ravages qu'elle a cauſés dans les temps paſſés, & qu'elle cauſera dans les temps à venir, ſoient ſuffiſamment compenſés par ces guenilleux avantages-là? Songez qu'elle a créé & qu'elle perpétue la plus violente antipathie entre les nations. Il n'y a pas un Muſulman qui n'imaginât faire une action agréable à Dieu & au Saint Prophete, en exterminant tous les Chrétiens, qui de leur côté ne ſont guere plus tolérants. Songez qu'elle a créé & qu'elle perpétue dans une même contrée des diviſions qui ſe ſont rarement éteintes ſans effuſion de ſang. Notre hiſtoire ne nous en offre que de trop récens & trop funeſtes exemples. Songez qu'elle a créé & qu'elle perpétue dans la Société entre les

cittadino e cittadino, e nelle famiglie fra i congiunti acerrimi e costantissimi rancori. Disse Cristo se essere venuto per dividere il marito dalla moglie, la madre da' figliuoli, il fratello dalla sorella, l'amico dall' amico, e cotesta sua predizione ha avuto pur troppo il suo compimento. — Questi appunto sono gli abusi, ma niente la cosa. —— E veramente la cosa se gli abusi non ne vanno disgiunti. — E in qual modo proverete gli abusi della religione non andare mai disgiunti dalla religione? —— Con pochissima fatica. Ditemi un poco, se un Misantropo avesse disegnato di render infelice l'umana generazione, cosa avrebbe potulo egli rinvenire più idonea della fede in un Ente incomprensibile, circa il quale gli uomini sarebbono stati sempre all'oscuro, e cui avrebbono sempremai avuto maggior riguardo che alla propria vita? Ora si può egli separare dalla nozione d'una divinità la più cupa incomprensibilità e'l più gran riguardo? —— Dite bene. —— Alla conclusione

Citoyens, & dans les familles entre les proches, les haines les plus fortes & les plus constantes. Le Christ a dit qu'il étoit venu pour séparer l'époux de la femme, la mere de ses enfants, le frere de la sœur, l'ami de l'ami, & sa prédiction ne s'est que trop fidellement accomplie. —— Voilà bien les abus, mais ce n'est pas la chose. —— C'est la chose, si les abus en sont inséparables. — Et comment me montrerez-vous que les abus de la religion sont inséparables de la religion? —— Très-aisément. Dites-moi: si un misanthrope s'étoit proposé de faire le malheur du genre humain, qu'auroit-il pu inventer de mieux que la croyance en un Etre incompréhensible, sur lequel les hommes n'auroient jamais pu s'entendre, & auquel ils auroient attaché plus d'importance qu'à leur vie? Or est-il possible de séparer de la notion d'une divinité l'incompréhensibilité la plus profonde & l'importance la plus grande? —— Non. —— Concluez donc. —— Je conclus que

adunque. — Ne inferisco questa essere un' idea di qualche conseguenza nella testa de' matti. —— Aggiungete pure che i matti furono sempre e stanno per essere sempre il maggior numero; che tra loro i più pericolosi sono quelli dalla religione formati, de' quali i perturbatori della società sanno opportunamente prevalersi. — Ma si vuole cosa sufficiente a intimorire gli uomini intorno alle prave azioni che sottraggonsi dal rigore delle leggi. Ora distruggendo la religione, che altro potrete sostituirle? —— Quando non avessi altro a sostituirle, sarebbe però un pregiudizio terribile di tolto; Lascio stare che in tempo o nazione qualsivoglia i costumi nazionali non furono fondati mai in sulle opinioni religiose. Gli Dei cui porgevano adorazioni cotesti antichi Greci e Romani i più dabbene del mondo, erano la più sciagurata canaglia che fosse mai; un Giove da bruciarsi vivo vivo, una venere da cacciare in una casa di correzione, un Mercurio da mandarsi a basto-

c'eſt une idée qui n'eſt pas ſans conſéquence dans la tête des foux. —— Et ajoutez que les foux ont toujours été & ſeront toujours le plus grand nombre, & que les plus dangereux ce ſont ceux que la religion fait, & dont les perturbateurs de la Société ſavent tirer bon parti dans l'occaſion. —— Mais il faut quelque choſe qui effraye les hommes ſur les mauvaiſes actions qui échappent à la ſéverité des loix; & ſi vous détruiſez la religion, que lui ſubſtituerez-vous? —— Quand je n'aurois rien à mettre à la place, ce ſeroit toujours un terrible préjugé de moins; ſans compter que dans aucun ſiecle & chez aucune nation les opinions religieuſes n'ont ſervi de baſe aux mœurs nationales. Les Dieux qu'adoroient ces vieux Grecs & ces vieux Romains, les plus honnêtes gens de la terre, étoient la canaille la plus diſſolue; un Jupiter à brûler tout vif, une Venus à enfermer à l'hôpital, un Mercure à mettre à Bicêtre. —— Et vous penſez qu'il eſt

nar i pesci. —— E così vi date a credere che o Cristiani o pagani che siamo sia tutt' uno; che pagani non saremmo peggiori, che Cristiani non siamo migliori? —— Ne rimango persuasissimo, salvo che saremmo un po' più gioviali. — Questo non può essere. — Ma, Signora, si danno forse veri Cristiani? io a vita mia uon ne ho visti. —— A me dite questo, a me? — Nol dico a voi, ma lo dicevo a una mia vicina al par di voi pia e discreta, laquale siccome velo date ad intendere voi, così con ogni maggior sincerità riputavasi Cristiana. —— E voi le faceste toccar col dito l'error suo? — In un attimo. —— Qual modo teneste? — Aprj un nuovo Testamento tutto logoro pel quotidiano squadernare ch'ella ne faceva. Le feci la lettura della predica falta sulla montagna, e accennandole gli articoli ad uno ad uno, le domandava, fate voi questo? e questo, e questo lo fate? Passai oltre. Essa è bella, e n'è consapevole quantunque assai divota. Ha la pelle bianca come un

tout-à-fait indifférent que nous ſoyons chrétiens ou payens; que payens nous n'en vaudrions pas moins, & que chrétiens nous n'en valons pas mieux? —— Ma foi, j'en ſuis convaincu, à cela près que nous ſerions un peu plus gais. —— Cela ne ſe peut. —— Mais, Madame la Ducheſſe, eſt-ce qu'il y a des chrétiens? Je n'en ai jamais vus. —— Et c'eſt à moi que vous dites cela, à moi? —— Non, Madame, ce n'eſt pas à vous; c'eſt à une de mes voiſines qui eſt honnête & pieuſe comme vous l'êtes, & qui ſe croyoit chrétienne de la meilleure foi du monde, comme vous le croyez. — Et vous lui fîtes voir qu'elle avoit tort? —— En un inſtant. —— Comment vous y prîtez-vous? —— J'ouvris un nouveau Teſtament dont elle s'étoit beaucoup ſervie, car il étoit fort uſé. Je lui lus le Sermon ſur la montagne, & à chaque article je lui demandai, faites-vous cela, & cela donc, & cela encore? J'allai plus loin. Elle eſt belle, & quoiqu'elle

avorio, e benchè non tenga conto più che tanto di cotesto frale pregio, pur non le spiace che sene faccia l'elogio. Ha il seno meglio modellato quanto altra mai, e ad onta della sua modestia non ha discaro ch'altri se n'accorga. —— Purchè non lo sappiano che il marito ed ella. —— Mi giova pensare che il marito n'abbia notizia più chiara di qualunque altro; ma a una donna che piccasi di rigoroso Cristianesimo, questo non basta. Non ritrovasi, le dissi, scritto nel vangelo che chi desidera la moglie del prossimo, commette adulterio nel suo cuore? —— Rispose di sì? — Soggiunsi: e l'adulterio del cuore non danna egli così certamente come l'adulterio fatto in tutto in tutto? —— Ella tornò a dire di sì? —— Continuai: Ma se l'uomo va in perdizione per conto dell'adulterio del cuore, qual sarà il destino della donna che invogli tutti coloro che se le accostano a farsi colpevoli di questo delitto? A questa mia ultima interrogazione rimase imbrogliata. — Ho capito; costei non ricopriva molto solleci-

ſoit très-dévote, elle ne l'ignore pas. Elle a la peau très-blanche, & quoiqu'elle n'attache pas un grand prix à ce frêle avantage, elle n'eſt pas fâchée qu'on en faſſe l'éloge. Elle a la gorge auſſi bien qu'il ſoit poſſible de l'avoir, & quoiqu'elle ſoit très-modeſte, elle trouve bon qu'on s'en apperçoive. —— Pourvu qu'il n'y ait qu'elle & ſon mari qui le ſachent. —— Je crois que ſon mari le ſait mieux qu'un autre ; mais pour une femme qui ſe pique de grand Chriſtianiſme, cela ne ſuffit pas. Je lui dis: n'eſt-il pas écrit dans l'Evangile que celui qui a convoité la femme de ſon prochain a commis l'adultere dans ſon cœur? —— Elle vous répondit que oui? —— Je lui dis: Et l'adultere commis dans le cœur ne damne-t-il pas auſſi ſûrement qu'un adultere mieux conditionné? —— Elle vous répondit encore qu'oui? —— Je lui dis: Et ſi l'homme eſt damné pour l'adultere qu'il a commis dans le cœur, quel ſera le ſort de la femme qui invite tous ceux qui

tamente codesto petto bello quant'altro mai. —— Egli è vero. Ella mi rispose, che questa era l'usanza; come se non fosse molto all'usanza intitolarsi Cristiano e non esserlo; che non conveniva vestirsi in una foggia ridicola; quasichè un ridicolo di niun rilievo avesse che fare colla propria e l'altrui perdizione; che lasciavasi vestire a modo della sua sarta, come se non fosse meglio provvedersi d'un' altra sarta che rinunziare alla sua religione; che tale era il capriccio del marito, quasichè un marito delirasse sino a richiedere che la moglie ponesse in dimenticanza la modestia ed ogni suo obbligo, quasichè una vera Cristiana avesse a recarsi obbediente al marito insensato sino a far sacrificio della volontà del suo Dio e a ridersi delle minacce del suo redentore. —— Cotesti fanciulleschi ritrovati io me gl'indovinava innanzi tratto, e con questi anch'io mi sarei scusata forse come fece la vicina vostra, ma in questo, tanto l'una quanto l'altra saremmo state poco sincere. Ma a qual partito s'appigliò ella doppo questa bra-

l'approchent à commettre ce crime? Cette derniere question l'embarrassa. — Je comprends; c'est qu'elle ne voiloit pas fort exactement cette gorge qu'elle avoit aussi bien qu'il est possible de l'avoir. —— Il est vrai. Elle me répondit que c'étoit une chose d'usage; comme si rien n'étoit plus d'usage que de s'appeller chrétien & de ne l'être pas; qu'il ne falloit pas se vêtir ridiculement, comme s'il y avoit quelque comparaison à faire entre un misérable petit ridicule, sa damnation éternelle & celle de son prochain; qu'elle se laissoit habiller par sa couturiere; comme s'il ne valoit pas mieux changer de couturiere, que renoncer à sa religion; que c'étoit la fantaisie de son mari, comme si un époux étoit assez insensé d'exiger de sa femme l'oubli de la décence & de ses devoirs, & qu'une véritable chrétienne dût pousser l'obéissance pour un époux extravagant, jusqu'au sacrifice de la volonté de son Dieu & au mépris des menaces de son rédempteur. —— Je

bravata? —— *Il dì doppo questo conversare, ch'era giorno di festa, io andando su alla mia camera, m'abbattei nella mia bella e divota vicina, laquale scendeva per andar alla messa.* — *Altillata come al solito?* — *Altillata come prima, io sorrisi, ella sogghignò, passammo l'uno accanto all' altro senza far motto. Deh' signora, pensate! una donna onorata! una Cristiana! una divota! A dirla schietta, da questo esempio e da cento mila altri di simil fatta, concederò io avere la religione influenza reale sopra i costumi? Al certo ella sarà poco meno che nulla, e tanto meglio.* —— *Come a dire, tanto meglio!* —— *Si, signora; che se a venti mila cittadini di Parigi venisse in pensiero di governarsi rigorosamente a tenor della predica fatta sulla montagna.* —— *Oh via, vi sarebbono alcuni belli petti con maggior diligenza velati.* —— *Anzi, dite che tanta sarebbe la copia de' matti che 'l magistrato cui tocca invigilare sopra i costumi non saprebbe che farne, imperocchè lo spedale de'*

savois d'avance toutes ces puérilités-là; je vous les aurois peut-être dites comme votre voisine; mais elle & moi nous aurions été toutes deux de mauvaise foi. Mais quel parti prit-elle d'après votre remontrance? —— Le lendemain de cette conversation, c'étoit un jour de fête, je remontois chez moi, & ma dévote & belle voisine descendoit de chez elle pour aller à la messe. — Vêtue comme de coutume? —— Vêtue comme de coutume. Je souris, elle sourit, & nous passâmes l'un à côté de l'autre sans nous parler. Madame la Duchesse, une honnête femme! une chrétienne! une dévote! Après cet exemple & cent mille autres de la même espece, quelle influence réelle puis-je accorder à la religion sur les mœurs? Presque aucune, & tant mieux. — Comment tant mieux! —— Oui, Madame, s'il prenoit en fantaisie à vingt mille habitants de Paris de conformer strictement leur conduite au sermon sur la montagne.... — Eh bien, il y auroit quelques belles

pazzi non sarebbe capace assai per essi. Ne' libri inspirati ritrovasi una doppia morale: Universale l'una e commune a nazione a culto qualsissia, laquale quasichè da tutti viene abbracciata; l'altra peculiare a ciascheduna nazione, a ciascun culto, a cui si ha fede, che viene predicata ne' tempj, commendata nelle case, e a cui in verun patto niuno s'appiglia. —— D'onde procede questa bizzarria? —— Dall' impossibilità di soggettare un popolo ad una regola confacevole sol tanto ad alcuni malinconici ed appropiata da essi al carattere loro. Succede delle religioni quello appunto che succede delle fratesche osservanze, tutte quante rallentansi in processo di tempo: sciocche instituzioni che non reggono all'impulso assiduo della natura, laquale ci riconduce sotto la sua legge. Eh fate in modo che l'utile privato al pubblico utile sia così strettamente unito, che qualunque cittadino non possa appena danneggiare la società senza recar danno a se stesso; alla virtù assegnate il suo premio siccome alla scellera-

gorges plus couvertes. — Et tant de ſoux que le Lieutenant de Police ne ſauroit qu'en faire, car nos petites maiſons n'y ſuffiroient pas. Il y a dans les livres inſpirés deux morales: l'une générale & commune à toutes les nations, à tous les cultes, & qu'on ſuit à peu près; une autre propre à chaque nation & à chaque culte, à laquelle on croit, qu'on prêche dans les temples, qu'on préconiſe dans les maiſons & qu'on ne ſuit point du tout. — Et d'où vient cette bizarrerie? — De ce qu'il eſt impoſſible d'aſſujetir un peuple à une regle qui ne convient qu'à quelques hommes mélancoliques qui l'ont calquée ſur leur caractere. Il en eſt des religions comme des inſtitutions monaſtiques qui toutes ſe relâchent avec le temps. Ce ſont des folies qui ne peuvent tenir contre l'impulſion conſtante de la nature, qui nous ramene ſous ſa loi. Et faites que le bien des particuliers ſoit ſi étroitement lié avec le bien général, qu'un citoyen ne puiſſe preſque pas

tezza riservato avete il suo castigo; che senza riguardo veruno a culto o a condizione qualsissia il merito sia scala ai più eminenti posti dello stato, e rendentevi certa che non vi saranno altri ribaldoni fuorchè alcuni pochi sospinti dalla prava loro natura ritrosa ad ogni correggimento. Credete a me, Signora, la tentazione è troppo vicina è l'inferno troppo lontano. Non andate sperando che verun saggio legislatore si dia la briga di trar nulla da un sistema d'opinioni strane da fare specie a' soli fanciulli, il quale dall' agevolezza delle espiazioni inanimisce ai delitti, mandando il reo a chieder perdono a Dio del torto fatto all' uomo; che avvilisce l'ordine degli obblighi naturali e morali, sottoponendolo a un ordine di doveri chimerici. —— Non ci pesco nulla. —— Mi spiego; ma parmi udire il cocchio del Signor Duca che torna molto a tempo per far ch'io non dica uno sproposito. — Dite, dite su cotesto vostro sproposito, non ci darò retta; che mi sono avvezzata a non udire se non quel che

nuire à la société sans se nuire à lui-même; assûrez à la vertu sa récompense, comme vous avez assûré à la méchanceté son châtiment; que sans aucune distinction de culte, dans quelque condition que le mérite se trouve, il conduise aux grandes places de l'Etat; & ne comptez plus sur d'autres méchants que sur un petit nombre d'hommes qu'une nature perverse, que rien ne peut corriger, entraîne au vice. Madame la Duchesse, la tentation est trop proche & l'Enfer est trop loin: n'attendez rien, qui vaille la peine qu'un sage Législateur s'en occupe, d'un systême d'opinions bizarres qui n'en impose qu'aux enfants; qui encourage au crime par la commodité des expiations; qui envoye le coupable demander pardon à Dieu de l'injure faite à l'homme, & qui avilit l'ordre des devoirs naturels & moraux, en le subordonnant à un ordre de devoirs chimériques. — Je ne vous comprends pas. — Je m'explique; mais il me semble que voila le le carosse de Mr.

voglio. — Mi feci vicino al suo orecchio, e le dissi piano piano, Signora Duchessa, al vostro piovano fate questo quesito: di questi due mis fatti qual è il più atroce, pisciare in un vaso sacro, o lacerare la riputazione d'una donna onorata? Al primo si sentirà tutto raccapricciarsi, griderà oh sacrilegio! e la legge civile che a mala pena fa riconvenire il detrattore, quando pur ordina la pena del fuoco contra del sacrilego, fornirà di confondere le idee e di guastare gli spiriti. — Conosco donne assai che si recherebbero a mala coscienza mangiar grasso il venerdì, lequali però..... mi stava anch'io per dire uno sproposito. Tirate innanzi. — Ma, Signora, è necessario ch'io parli al Signor Duca. — Ancora un altro poco, che poi anderemo insieme da esso. Non mi so troppo che risponder vi, e tutta via non mi persuadete. — Non è stato pensier mio il persuadervi. Accade della religione siccome del matrimonio. Il matrimonio per tant' altri disastroso, ha felicitato voi ed il Signor Du-

le Duc qui rentre fort à propos pour m'empêcher de dire un ſottiſe. — Dites, dites votre ſottiſe, je ne l'entendrai pas; je me ſuis accoutumée à n'entendre que ce qu'il me plait. — Je m'approchai de ſon oreille, & je lui dis tout bas: Madame la Ducheſſe, demandez au vicaire de votre paroiſſe, de ces deux crimes, piſſer dans un vaſe ſacré, ou noircir la reputation d'une femme honnête, quel eſt le plus atroce? Il frémira d'horreur au prémier, criera au ſacrilege, & la loi civile qui prend à peine connoiſſance de la calomnie, tandis qu'elle punit le ſacrilege par le feu, achevera de brouiller les idées & de corrompre les eſprits. — Je connois plus d'une femme qui ſe feroit un ſcrupule de manger gras le vendredi, & qui..... J'allois dire auſſi ma ſottiſe. Continuez. — Mais, Mad., il faut abſolument que je parle à M. le Duc. — Encore un moment, & puis nous l'irons voir enſemble. Je ne ſais trop que vous repondre, & cependant vous ne me

ca, bene ſta che tutti e due vi ſiate maritati. La religione che ha prodotti, che produce ed è per produrre tanti diſgraziati ha portato accreſcimento alle virtù voſtre, bene ſta che non vogliate laſciarla. E una dolcezza per voi l'immaginare che vi ſta al fianco e al di ſopra un Ente grande e potente il quale vi rimira paſſeggiare ſulla terra, queſto penſier ſtabiliſce i voſtri paſſi. Seguite, Signora, a godere di coteſto mallevadore auguſto delle voſtre penſate, di coteſto ſpettatore, di coteſto ſublime modello delle voſtre azioni. — A quel che veggo non vi travaglia la ſmania del proſelitiſmo. — Niente affatto. — Ciò aggiunge alla mia ſtima per voi. —— Per me non rimane che ciaſcuno ſe la penſi a ſuo modo, purchè mi ſia lecito penſare al mio; non ſi vogliono poi tante inſtruzioni per quelli che ſono abili a liberarſi da queſti pregiudizj. — Penſate voi potere l'uomo ſtar ſenza ſuperſtizioni? — Penſo di nò mentre egli ſarà ignorante e pauroſo. —

persuadez pas. — Je ne me suis pas proposé de vous persuader. Il en est de la religion comme du mariage. Le mariage qui fait le malheur de tant d'autres a fait votre bonheur & celui de Mr. le Duc; vous avez très-bien fait de vous marier tous deux. La religion qui a fait, qui fait & qui fera tant de méchants, vous a rendue meilleure encore; vous faites bien de la garder. Il vous est doux d'imaginer à côté de vous, au-dessus de votre tête un Etre grand & puissant qui vous voit marcher sur la terre, & cette idée affermit vos pas. Continuez, Madame, à jouir de ce garant auguste de vos pensées, de ce spectateur, de ce modele sublime de vos actions. — Vous n'avez pas, à ce que je vois, la manie du prosélytisme. — Aucunement. — Je vous en estime davantage. — Je permets à chacun de penser à sa maniere, pourvu qu'on me laisse penser à la mienne; & puis ceux qui sont faits pour se délivrer de ces préjugés n'ont guere besoin qu'on les catéchise.

Stante questo fra superstizione e superstizione non vi so differenza alcuna, e per me tanto è questa quanto qualunque altra. — Non sono di questa opinione. — Ditemi sinceramente, questo esser annichilato doppo la morte non vi ripugna niente? — Sarebbe di mio maggior contento la esistenza, ben ch'io non sappia perchè un Ente che m'ha renduto infelice senza ragione; non sene pigliasse trastullo una seconda volta —— Se malgrado questo inconveniente la speranza d'una vita ventura pare a voi consolativa e dolce perchè levarcela? —— Non vivo con questa speranza, perciochè il desiderio non fa ch'io non la riconosca vana, ma guardi ch'io volessi torla a chisissia. Se già si può creder possibile il vedere senza occhi, l'udire senza orecchie, il pensar senza capo, l'amar senza cuore, il sentire senza sensi, l'esistere e non ritrovarsi in luogo alcuno, l'esser qualche cosa senza estenzione e senza luogo, allora sì, accordo tutto. —— Ma di codesto mondo chi

— Croyez-vous que l'homme puiſſe ſe paſſer de la ſuperſtition? — Non tant qu'il reſtera ignorant & peureux. — Eh bien, ſuperſtition pour ſuperſtition, autant la nôtre qu'une autre. — Je ne le penſe pas. — Parlez-moi vrai, ne vous repugne-t-il point à n'être plus rien après votre mort? — J'aimerois mieux exiſter, bien que je ne ſache pas pourquoi un Etre qui a pu me rendre malheureux ſans raiſon, ne s'en amuſeroit pas deux fois. — Si, malgré cet inconvénient, l'eſpoir d'une vie à venir vous paroît conſolant & doux, pourquoi nous l'arracher? — Je n'ai pas cet eſpoir, parce que le deſir ne m'en a point donné la vanité, mais je ne l'ôte à perſonne. Si l'on peut croire qu'on verra quand on n'aura plus d'yeux; qu'on entendra quand on n'aura plus d'oreilles; qu'on penſera quand on n'aura plus de tête; qu'on aimera quand on n'aura plus de cœur; qu'on ſentira quand on n'aura plus de ſens; qu'on exiſtera quand on ne ſera nulle part; qu'on ſera quelque

n'è stato il fattore? — Il domando a voi. — Dio. — E cosa è Dio? — Uno spirito. — Se uno spirito è potente a creare la materia, perchè la materia non sarebbe sufficiente a creare uno spirito? — Oh perchè il creerebbe ella? — Perchè veggo ch'ella sta creandone ogni giorno. Pensate voi le bestie essere provvedute di anime? — Il penso certo. — Sapreste dirmi, per esempio, cosa sia dell'anima della serpe, del Perù, mentre il corpo appiccato al cammino sta seccandosi ed affumicandosi uno o due anni successivi? — Vada dove ella più vuole, che ha ad importare a me? — Non vi sarà noto forse che cotesta serpe disseccata così ed affumicata risorge e torna in vita. — Questo l'ho per una favola bella e buona. — Eppure un valente uomo, il Signor Bouguer, l'accerta. — Cotesto valent'uomo vostro ha detto una solenne bugia. — Se pur avesse detto il vero? — Per trarmi d'impaccio direi gli animali essere macchine. — E

chose sans étendue & sans lieu; j'y consens. — Mais ce monde-ci qui est-ce qui l'a fait? — Je vous le demande. — C'est Dieu. — Et qu'est-ce que Dieu? — Un esprit. — Si un esprit fait de la matiere, pourquoi de la matiere ne feroit-elle pas un esprit? — Et pourquoi le feroit-elle? — C'est que je lui en vois faire tous les jours. Croyez-vous que les bêtes ayent des ames? — Certainement je le crois. — Et pourriez-vous me dire ce que devient, par exemple, l'ame du serpent du Pérou pendant qu'il se desseche suspendu dans une cheminée & exposé à la fumée un ou deux ans de suite? — Qu'elle devienne ce qu'elle voudra, qu'est-ce que cela me fait? — C'est que Madame la Duchesse ne sait pas que ce serpent enfumé, desseché, ressuscite & renaît. — Je n'en crois rien. — C'est pourtant un habile homme, c'est Bouguer qui l'assure. — Votre habile homme a menti. — S'il avoit dit vrai? — J'en serois quitte pour croire que les animaux sont

l'uomo che non è ſe non un animale più perfetto di un altro..... Ma il Signor Duca. — Con un' altra quiſtione mi ſbrigo. Non vi dà moleſtia veruna queſto voſtro ſtar incredulo? — Niuna. — Tuttavia ſe ſbagliaſte? — Quando ciò foſſe. — In quel caſo, vero ſarebbe tutto ciò che voi tenete per falſo, e coſì andereſte a caſa del Diavolo. Deh! caro Signor Crudeli, queſta non è una baja, eſſere dannato, ardere durante un' eternità intera intera. Il termine è molto lungo. — Un Poeta Franceſe portava opinione che foſſimo per aſſue farvici quanto il peſce all'acqua. — Sì, ſì, ma coteſto voſtro poeta in atto di morire diventò molto penſoſo; a queſto punto vi aſpetto. — Quando non avrò più il cervello meco, non preveggo già dove la coſa ſarà per riuſcire, ma avendo a terminar la vita per una di coteſte malattie che all' agonizzante non tolgono l'intelletto, non ſarò più turbato in quell'iſtante cui mi aſpettate, di quel che ſono ora che mi vi ſto dinanzi. —

Queſta

des machines. —— Et l'homme qui n'eſt qu'un animal un peu plus parfait qu'un autre..... Mais Mr., le Duc. —— Encore une queſtion & c'eſt la derniere. Etes-vous bien tranquille dans votre incrédulité? — On ne ſauroit davantage. —— Pourtant ſi vous vous trompiez. —— Quand je me tromperois? — Tout ce que vous croyez faux ſeroit vrai, & vous ſeriez damné. Monſieur Crudeli, c'eſt une terrible choſe que d'être damné; brûler toute une éternité, c'eſt bien long. —— La Fontaine croyoit que nous y ſerions comme le poiſſon dans l'eau. —— Oui, oui, mais votre La Fontaine devint bien ſérieux au dernier moment, & c'eſt où je vous attends. —— Je ne reponds de rien quand ma tête n'y ſera plus; mais ſi je finis par une de ces maladies qui laiſſent à l'homme agoniſant toute ſa raiſon, je ne ſerai pas plus troublé au moment où vous m'attendez qu'au moment où vous me voyez. —— Cette intrépidité me confond. —— J'en trouve bien davan-

Questa intrepidezza mi confonde. —— A me par che abbia ad esserne maggiormente fornito il moribondo il quale ha la fede di un giudice severo che va pesando sino i più reconditi pensieri, e nella cui bilancia l'uomo il più giusto sarebbe per esser rovinato dalla sua superbia, se egli non tremasse di ritrovarsi minor di peso: Se allora fosse nell'arbitrio di questo moribondo o l'esser annichilato, o il comparire davanti a questo tribunale, mi confonderebbe vieppiù la sua intrepidezza quando dubitasse di appigliarsi al primo partito, a meno che non fosse più insensato del compagno di San Brunone, o tronfio del suo merito più del Bohola. —— Ho letto la storia del compagno di Brunone, ma non ho sentito a vita mia a parlare del vostro Bohola. —— Costui fu un Gesuita del collegio di Pinsk in Lituania, il quale lasciò morendo uno scrigno pieno d'argento con una polizza distesa e soscritta di proprio pugno. —— E il tenore di questa polizza? —— Il tenor era tale: „ Prego

tage au moribond qui croit en un juge sévere qui pese jusqu'à nos plus secretes pensées, & dans la balance duquel l'homme le plus juste se perdroit par sa vanité, s'il ne trembloit de se trouver trop léger; si ce moribond avoit alors à son choix ou d'être anéanti ou de se présenter à ce tribunal, son intrépidité me confondroit bien autrement, s'il balançoit à prendre le premier parti, à moins qu'il ne fut plus insensé que le compagnon de St. Bruno, ou plus ivre de son mérite que Bohola. — J'ai lu l'histoire de l'associé de St. Bruno, mais je n'ai jamais entendu parler de votre Bohola. — C'est un Jésuite du College de Pinsk en Lithuanie, qui laissa en mourant une cassette pleine d'argent avec un billet écrit & signé de sa main. — Et ce billet? — Etoit conçu en ces termes: „ Je prie mon „ cher confrere dépositaire de cette cassette de l'ouvrir lorsque j'aurai fait des mi„ racles. L'argent qu'elle contient servira „ aux frais du procès de ma béatification,

„ *il mio caro confratello depositario di*
„ *questo scrigno di farne l'apertura quando*
„ *avrò fatto miracoli. Col danaro che v'ha*
„ *dentro sarà provveduto alla spesa da far-*
„ *si pel processo della mia beatificazione.*
„ *Hovvi aggiunto alcuni documenti autenti-*
„ *ci a conferma delle mie virtù, i quali*
„ *non saranno di mediocre giovamento a*
„ *chi si torrà l'impresa di metter in carta*
„ *la mia vita". —— Questo è da far cre-*
pare dalle risa. —— E da far ridere me certo, ma voi, Signora, nò; che col vostro Dio non si scherza. —— Avete ragione. — Signora, il peccar gravemente contro la vostra legge è cosa molto facile. —— Ne resto d'accordo. —— La giustizia che deciderà della vostra sorte è rigorosa assai. —— E vero. —— E se agli oracoli della vostra religione avete a prestar fede intorno al numero degli eletti, questo è non poco risstretto. —— Adagio, di grazia, non sono Giansenista, la medaglia non la rimiro se non pel suo verso confortativo; agli occhi

„ J'y ai ajouté quelques mémoires authen-
„ tiques pour la confirmation de mes ver-
„ tus, & qui pourront servir utilement à
„ ceux qui entreprendront d'écrire ma vie".
— Cela est à mourir de rire. — Pour moi, Madame la Duchesse, mais pour vous? Votre Dieu n'entend pas raillerie. — Vous avez raison. — Madame la Duchesse, il est bien facile de pécher grièvement contre votre loi. — J'en conviens. — La justice qui décidera de votre sort est bien rigoureuse. — Il est vrai. — Et si vous en croyez les oracles de votre religion sur le nombre des Elus, il est bien petit. — Oh! c'est que je ne suis pas Janséniste, je ne vois la médaille que par son revers consolant; le sang de Jésus-Christ couvre un grand espace à mes yeux, & il me sembleroit très-singulier que le Diable qui n'a pas livré son fils à la mort, eut pourtant la meilleure part. — Damnez-vous Socrate, Phocion, Aristide, Caton, Trajan,

miei parasi un immenso spazio ricoperto del sangue di Cristo, e se al Diavolo, che non ha fatto il sacrificio del figliuolo, tuttavia toccasso la miglior parte mi parrebbe la strana cosa. — Dannate voi Socrate, Focione, Aristide, Catone, Trajano, Marco Aurelio? — Oibò! sarebbe una bestialità il pensarlo. Dice San Paolo che ciascuno sarà giudicato secondo la legge di cui avrà avuto cognizione, e San Paolo se l'intende bene. — E su qual legge l'incredulo verrà egli giudicato? — Il caso è alquanto diverso. Voi siete uno di questi abitanti maladetti di Corozain e di Betsaida, i quali si stettero a occhi chiusi per non rimirare la luce che feriva le lor pupille, e stopparonsi gli orecchi per non udire la voce della verità che suonava lor d'intorno. — Signora, vi so dire che uomini pari a cotesti Corazaini e Betsaidesi non ritrovaronsi mai altrove, se già fu in mano lor il credere o il non credere. — Videro prodigj che fatti in Tiro e in Sidone avrebbero rin-

Marc-Aurele? —— Fi donc! il n'y a que des bêtes féroces qui puissent le penser, Saint Paul dit que chacun sera jugé par la loi qu'il a connue, & Saint Paul a raison. —— Et par quelle loi l'incrédule sera t-il jugé? —— Votre cas est un peu différent. Vous êtes un de ces habitans maudits de Corozaïn & de Betzaïda qui fermerent leurs yeux à la lumiere qui les éclairoit, & qui étouperent leurs oreilles pour ne pas entendre la voix de la vérité qui leur parloit. — Madame la Duchesse, ces Corozaïnois & ces Betzaïdins furent des hommes comme il n'y en eut jamais que là, s'ils furent maîtres de croire ou de ne pas croire. — Ils virent des prodiges qui auroient mis l'enchere aux sacs & à la cendre, s'ils avoient été faits à Tyr & à Sidon. — C'est que les habitans de Tyr & de Sidon étoient des gens d'esprit, & que ceux de Corozaïn & de Betzaïda n'étoient que des sots. Mais est-ce que celui qui fit les sots les punira

carato la cenere ed i Cilizj. —— Il fatto sta che i Tirj ed i Sidonj erano uomini d'ingegno, ed i Corazaini e i Betsaidesi non erano se non menchioni. Possibile che quegli che fece gli sciocchi sia per punirgli dell'esser essi stati tali? io v'ho fatto poc'anzi una storia, or mi vien talento di dirvi una novella. —— Dite pure. —— Un giovane Messicano...... ma il Signor Duca? —— Adesso adesso mando a saper se egli riceve, e così il vostro Messicano? —— Stanco dal travaglio, passeggiava un giorno lungo la riva del mare. Scorge una tavola un capo dellaquale era nell' acqua, e l'altra posava sul lido. Visi pone a sedere, e colà scorrendo coll'occhio l'immenso tratto che glisi parava davanti, entro se prese a dire: Al certo rimbambisce l'avola mia, col raccontarmi che certi popoli usciti di non so dove, d'un paese di là da'nostri mari, approdarono quà in non so qual tempo; io non veggo una stilla di senno in questa sua narrazione, e quando vene scor-

pour avoir été sots? Je vous ai fait tout-à-l'heure une histoire, & il me prend envie de vous faire un conte. Un jeune Mexicain..... Mais Mr. le Duc? — Je vais envoyer savoir s'il est visible. Eh bien votre jeune Mexicain? — Las de son travail, se promenoit un jour au bord de la mer. Il voit une planche qui trempoit d'un bout dans les eaux & qui de l'autre posoit sur le rivage. Il s'assied sur cette planche, & là prolongeant ses regards sur la vaste étendue qui se déployoit devant lui, il se disoit: Rien n'est plus vrai que ma grand' mere radote avec son histoire de je ne sais quels habitants qui dans je ne sais quel temps aborderent ici de je ne sais où, d'une contrée au delà de nos mers. Il n'y a pas le sens commun, ne vois-je pas la mer confiner avec le Ciel? Et puis-je croire contre le témoignage de mes sens une vielle fable dont on ignore la date, que chacun arrange à sa maniere, & qui n'est qu'un tis-

gessi, non veggo forse il mar terminare col Cielo? Ho io a credere a dispetto della testimonianza de' sensi miei un' antica favola la cui data non si sa, ch'altri aggiusta a modo suo, laquale non è fuorchè un tessuto d'assurde particolarità per lequali cavansi gliocchi e la fanno a coltellate? Mentre ragionava in questa guisa, l'acqua agitata l'andava dondolando sopra la sua tavola; s'addormentò. In tanto ch'egli dorme, il vento cresce, il flutto solleva la tavola sopra laquale giace, ed eccovi il nostro giovane ragionatore bell' e imbarcato. —— O Dio! questa è un'immagine vera della nostra vita, siamo tutti sedendo sopra la tavola nostra, il vento soffia, ed il flutto ci porta via. — Era già molto discosto dalla terra quando risvegliossi. Se altri si sgomentò mai ritrovandosi in alto mare, fu il nostro Messicano. Ma senza dubbio vieppiù crebbe lo stupore, quando smarrito d'occhio il lido, lungo il quale dianzi passeggiava, il mare sembrolli confinare col Cielo da

ſu de circonſtances abſurdes ſur leſquelles ils ſe mangent le cœur & s'arrachent le blanc des yeux ? Tandis qu'il raiſonnoit ainſi, les eaux agitées le berçoient ſur ſa planche & il s'endormit. Pendant qu'il dort le vent s'accroît, le flot ſouleve la planche ſur laquelle il eſt étendu, & voilà notre jeune raiſonneur embarqué. —— Hélas! c'eſt bien là notre image ; Nous ſommes chacun ſur notre planche, le vent ſouffle & le flot nous emporte. —— Il étoit déja loin du continent lors qu'il s'éveilla. Qui fut bien ſurpris de ſe trouver en pleine mer? Ce fut notre Mexicain. Qui le fut bien davantage? Ce fut encore lui, lorſqu'ayant perdu de vue le rivage ſur lequel il ſe promenoit il n'y a qu'un inſtant, la mer lui parut confiner avec le ciel de tous côtés. Alors il ſoupçonna qu'il pourroit bien s'être trompé, & que ſi le vent reſtoit au même point, peut-être ſeroit-il porté ſur la rive & parmi ces habitants dont ſa

ogni banda. Allora entrò in sospetto di qualche suo sbaglio, parendogli che continuando il vento a soffiare dalla medesima parte, seguir potrebbe che fosse condotto a quella riva e fra quegli abitanti di cui l'avola sua gli avea parlato tante volte. —— E degli affanni suoi non mene dite niente. —— Non sene pigliò alcuno. Che ha ad importare a me, disse egli fra se stesso, purchè approdi? Ho ragionato da uomo inconsiderato, egli è vero, ma sono stato sincero meco stesso, non si può da me chieder altro. Se l'esser dotato d'ingegno non è una virtù, l'esserne sprovveduto non è un delitto. Fra tanto il giovanotto colla sua tavola sospinto da un vento assiduo andava solcando il mare, e già comminciava ad apparire la sconosciuta riva, sta per toccarvi, eccovelo giunto. —— Quivi un dì ci rivedremo, caro Signor Crudeli. — Lo desidero, Signora, che in luogo qualsissia sarammi sempre cosa gratissima il rassegnarvi il mio ossequio. Lasciata la tavola

grand' mere l'avoit si souvent entretenu. — Et de son souci vous ne m'en dites mot. — Il n'en eut point. Il se dit : Qu'est-ce que cela me fait pourvu que j'aborde ? J'ai raisonné comme un étourdi, soit ; mais j'ai été sincere avec moi-même, & c'est tout ce qu'on peut exiger de moi. Si ce n'est pas une vertu que d'avoir de l'esprit, ce n'est pas un crime que d'en manquer. Cependant le vent continuoit, l'homme & la planche voguoient, & la rive inconnue commençoit à paroître : il y touche & l'y voila. — Nous nous y reverrons un jour, Monsieur Crudeli. —— Je le souhaite, Madame la Duchesse, en quelqu'endroit que ce soit, je serai toujours très-flatté de vous faire ma cour. A peine eut-il quitté sa planche & mis le pied sur le sable, qu'il apperçut un viellard vénérable debout à ses côtés. Il lui demanda où il étoit & à qui

e posto appena il piede sulla sponda, gli vien veduto un venerando vecchio stargli si a' fianchi. Il domandò del luogo dove si ritrovava e della persona cui aveva l'onor di parlare. Io sono il sovrano del paese, rispose il vecchio. Voi negato avete la mia esistenza. —— E vero. —— E quella del mio impero. — E vero. — Voglio avervi per iscusato, perchè essendo io quegli che va penetrando fin nelle viscere de' cuori, ho scoperto nell' interiore dell'anima vostra la sincerità del vostro procedere. Ma non ho già rimirato lo stesso candore nel rimanente de' vostri pensamenti e delle azioni vostre. Allora il vecchio, che lo teneva per l'orecchio, andava rammemorandogli ad uno ad uno tutti i trascorsi della sua vita, e a ciascun ricordo il giovane Messicano s'inchinava picchiandosi il petto e chiedendo misericordia. Or su, Signora, Vestitevi de' panni del vecchio, e ditemi, che modo avreste tenuto? Avreste voi acciuffato questo sconsigliato giovane, e vi sareste

il avoit l'honneur de parler. Je ſuis le Souverain de la contrée, lui répondit le viellard. Vous avez nié mon exiſtence. — Il eſt vrai. —— Et celle de mon empire. —— Il eſt vrai. —— Je vous le pardonne, parce que je ſuis celui qui voit le fond des cœurs, & que j'ai lu au fond du vôtre que vous étiez de bonne foi; mais le reſte de vos penſées & de vos actions n'eſt pas également innocent, Alors le Viellard qui le tenoit par l'oreille lui rappelloit toutes les erreurs de ſa vie, & à chaque article le jeune Mexicain s'inclinoit, ſe frappoit la poitrine & demandoit pardon. Là, Madame la Ducheſſe, mettez-vous pour un moment à la place du Viellard & dites-moi ce que vous auriez fait. Auriez-vous pris ce jeune inſenſé par les cheveux, & vous ſeriez-vous complue à le traîner à toute éternité ſur le rivage? — En vérité non.

voi compiaciuta a ſtraſcinarlo lungo la ſpiaggia durante un' eternità? —— Nò in verità. —— Se uno di queſti ſei figliuoli leggiadri che vi tenete involatoſi dalla caſa paterna, e fatte mille bricconerie viſi reſtituiſſe pentito. —— Io gli correrei incontro, gli ſtringerei le braccia al collo bagnandolo col mio pianto, ma il ſuo ſignor padre non ſela paſſerebbe forſe colle buone. —— Il Signor Duca non è una tigre. — Se ne manca molto. —— Si ſarebbe pregar alcun poco forſe, ma in fine perdonerebbe. —— Certo. —— Maſſime quando conſideraſſe eſſere ſtato egli conſapevole de' portamenti del fanciullo prima che gli deſſe la vita, e quando rifletteſſe che la pena delle colpe di eſſo non foſſe per ridondare in beneficio alcuno nè di ſe ſteſſo, nè del reo, nè de' fratelli di lui. —— Ma fra il vecchio ed il Signor Duca vi ha differenza. — Vorreſte dire il Signor Duca eſſere migliore del vecchio? —— Tolga iddio! voglio dire che ſe la mia giuſtizia non è quella del Signor

— Si un de ces ſix jolis enfants que vous avez, après s'être échappé de la maiſon paternelle & avoir fait force ſottiſes, y revenoit bien repentant? — Moi, je courrois à ſa rencontre, je le ſerrois entre mes bras & je l'arroſerois de mes larmes; mais le Duc ſon pere ne prendroit pas la choſe ſi doucement. — M. le Duc n'eſt pas un tigre. — Il s'en faut bien. — Il ſe feroit peut-être un peu tirailler, mais il pardonneroit. — Certainement. — Surtout s'il venoit à conſidérer qu'avant de donner la naiſſance à cet enfant il en ſavoit toute la vie, & que le châtiment de ſes fautes ſeroit ſans aucune utilité ni pour lui-même, ni pour le coupable, ni pour ſes freres. — Le Viellard & Monſieur le Duc ſont deux. — Vous voulez dire que M. le Duc eſt meilleur que le Viellard? — Dieu m'en garde! Je veux dire que ſi ma

Signor Duca, può darsi che la giustizia del Duca non sia quella del vecchio. —— Deh! Signora, non vedete le consequenze d'una tal risposta. O la definizione generale della giustizia è convenevole parimente a voi, al Signor Duca, a me, al giovane Messicano ed al vecchio, o non mi so più cosa ella sia, nè so nemmeno cosa abbia a farsi per piacere o dispiacere a quest'ultimo. Avevamo ragionato sin quì quando ci venne detto che eravamo aspettati dal Signor Duca. Offersi la mano alla Signora Duchessa, laquale mi diceva, questo è da far dar la volta al cervello, non è egli vero? — Oh perchè, quando uno l'ha sano e sodo. —— Ad ogni modo, volendo andar sul sicuro convien regolarsi come se il vecchio esistesse. —— Quando anche non vi si ha fede. —— Ed avendovi fede, non far capitale più del dovere della sua bontà. —— Se il procedere non è il più cortese, al meno egli è il più sicuro. —— A propo-

justice n'est pas celle du Duc, la justice du Duc pourroit bien n'être pas celle du Viellard. —— Ah! Madame, vous ne sentez pas les suites de cette reponse. Ou la définition générale de la justice convient également à vous, à M. le Duc, à moi, au jeune Mexicain & au Viellard, ou je ne sais plus ce que c'est, & j'ignore comment on plait ou l'on déplait à ce dernier. Nous en étions là, lorsqu'on nous avertit que le Duc nous attendoit. Je donnai la main à Madame la Duchesse qui me disoit: C'est à faire tourner la tête, n'est-ce pas? —— Pourquoi donc quand on l'a bonne? —— Après tout, le plus court est de se conduire comme si le Viellard existoit. —— Même quand on n'y croit pas. —— Et quand on y croit, de ne pas trop compter sur sa bonté. —— Si ce n'est pas le plus poli; c'est du moins le plus sûr. —— A propos,

sito, se veniste richiesto dal magistrato de' principj vostri, li palesereste voi? —— Userei ogni diligenza per esentarlo da qualche azione atroce. — Doh vedi! Dappoco. Ma ritrovandovi in termine di morte vi sottoponereste voi alle cerimonie della Chiesa? —— Non vi mancherei certo. —— Oibo! ah ippocrito marcio!

IL FINE.

ſi vous aviez à rendre compte de vos principes à nos Magiſtrats, les avoueriez-vous? —— Je ferois de mon mieux pour leur épargner une action atroce. —— Ah le lâche! Et ſi vous étiez ſur le point de mourir, vous ſoumettriez-vous aux cérémonies de l'Egliſe? —— Je n'y manquerois pas. —— Fi! le vilain hypocrite!

FIN.

www.ingramcontent.com/pod-product-compliance
Ingram Content Group UK Ltd.
Pitfield, Milton Keynes, MK11 3LW, UK
UKHW031846260826
14628UKWH00002B/627

9 782019 708092